CARTULAIRE

DE

L'ABBAYE DE SAINT-LÉGER

DE SOISSONS,

PUBLIÉ

Par l'Abbé PÉCHEUR,

Secrétaire de la Société historique et archéologique,

ET

AUTEUR DES *ANNALES DU DIOCÈSE DE SOISSONS.*

OUVRAGE COURONNÉ PAR L'INSTITUT,

(Académie des Inscriptions et Belles-Lettres).

SOISSONS,

IMPRIMERIE DE EM. FOSSÉ DARCOSSE,

RUE SAINT-ANTOINE, N° 15.

—

1870.

Eglise de l'ancienne Abbaye des Saint Léger à Soissons.

Laurent 1870.

CARTULAIRE

DE

L'ABBAYE DE SAINT-LÉGER

DE SOISSONS,

PUBLIÉ

Par l'Abbé PÉCHEUR,

Secrétaire de la Société historique et archéologique,

ET

AUTEUR DES *ANNALES DU DIOCÈSE DE SOISSONS*,

OUVRAGE COURONNÉ PAR L'INSTITUT,

(Académie des Inscriptions et Belles-Lettres).

AVERTISSEMENT.

La publication des cartulaires de France se poursuit avec activité; elle aura pour résultat la conservation d'un grand nombre de manuscrits toujours uniques, et par conséquent la mise en lumière de documents précieux pour l'histoire générale et particulière, pour celle des mœurs, des usages, et de l'état social de notre pays aux différentes époques parcourues par la civilisation du moyen âge.

Cette publication, l'une des préoccupations du Gouvernement, est aussi celle des sociétés savantes des provinces, qui ont déjà fait sous ce rapport de louables efforts.

La Société historique, archéologique et scientifique de Soissons est entrée dans cette voie en décidant l'impression du Cartulaire de l'abbaye de Saint-Léger. L'œuvre est sans doute peu considérable, mais elle est comme un acheminement vers d'autres plus importantes. Après le Cartulaire de l'abbaye de Saint-Léger viendra, nous l'espérons du moins, le tour des beaux Cartulaires de Saint-Jean des Vignes et de Prémontré que possède la Bibliothèque de Soissons, de Notre-Dame, de Saint-Médard de Soissons, de Longpont, etc., abbayes qui ont laissé dans nos annales des traces impérissables.

Pour aider à l'intelligence du texte de notre Cartulaire, nous donnerons une courte notice sur l'abbaye de Saint-Léger avec le catalogue de ses abbés, l'histoire du manuscrit, sa description, les domaines dont il y est parlé et les diverses particularités qu'on y rencontre.

I.

Notice historique sur l'abbaye de Saint-Léger.

Il y avait au XIe siècle, à Soissons, une antique église dédiée à saint Léger, évêque d'Autun, assassiné par l'ordre d'Ebroïn, maire du palais sous Childéric II, et dont la mère, sainte Sigrade, mourut au monastère de Notre-Dame de la même ville. Cette église avait sans doute été dédiée au saint martyr peu de temps après sa mort, et elle possédait de ses reliques dont la majeure partie fut transférée dans celle de Mercin, près de Soissons, au commencement de la Révolution (1). Elle était située près de la tour ou château des comtes de Soissons, aujourd'hui l'Hôtel de Ville, en dehors de l'enceinte romaine, et par conséquent dans un faubourg *(in suburbio)* englobé plus tard dans les nouvelles enceintes de la ville avec la place du Grand-Marché et ses annexes. Il reste encore des traces remarquables de ce vieil édifice dans la partie romane de la crypte de l'église actuelle.

Dans ces siècles reculés, cette église suburbicaire était occupée par l'un des prêtres cardinaux de Soissons, curé de ce quartier, et par d'autres clercs formant avec lui un collége ou une collégiale de prêtres séculiers. Un de ces prêtres ou chanoines possédait, vers la fin du XIe siècle, le bénéfice de l'église, aujourd'hui disparue, du village de Chavigny, situé entre ceux de Longpont et de Montgobert.

Les comtes de Soissons tenaient l'église même de Saint-Léger « comme en bénéfice » de l'évêque, c'est-à-dire qu'ils en avaient le revenu, sauf à y entretenir le service canonial et paroissial.

Cet abus, alors presque général, cessa à Saint-Léger sous le comte Renaud, dit le *Lépreux*, et sous Joslein de Vierzy, évêque de Soissons. Renaud rendit cette église au prélat en 1139, afin qu'il y établît un couvent de chanoines réguliers de l'ordre de Saint-Augustin et en augmenta les revenus primitifs. Ses successeurs, les comtes Ives de Nesles, Conon, Raoul et Jean, se montrèrent, à son exemple, les bienfaiteurs de l'abbaye.

_____

(1) Il nous paraît probable que l'église de Saint-Léger avait été dédiée sous un titre plus ancien qui aura fait place à celui du saint martyr.

À la fin du XIIe ou au commencement du XIIIe siècle, une nouvelle église succéda à l'ancien édifice roman. Celle-ci fut ruinée en partie, avec les lieux réguliers, en 1414, lors de la prise de Soissons par l'armée de Charles VI, et en 1567, lorsque cette ville fut saccagée par les calvinistes. L'église et le monastère furent réparés dans le cours des XVIe et XVIIe siècles.

En 1670, la communauté fut incorporée à la Congrégation de France par l'évêque Charles de Bourlon et son frère Claude de Bourlon, après une longue et vive opposition de la part des religieux soutenus par les actives sympathies de la ville entière.

Supprimés en 1792, le monastère et l'église de Saint-Léger furent vendus et livrés à des usages profanes jusqu'en 1854, où ils furent rachetés par M. de Garsignies, évêque de Soissons, et l'un de ses grands vicaires, M. de Jenlis, avec l'aide du clergé et de généreux laïques. Depuis cette époque ils furent restaurés et augmentés sans relâche. Affectés en premier lieu à la création d'un collége ecclésiastique libre, ils reçurent ensuite le Petit Séminaire diocésain, transféré de Laon à Soissons, et qu'on augmenta des élèves de la Maîtrise. D'abord sous la direction de prêtres séculiers, cet établissement est aujourd'hui confié aux Pères Lazaristes.

Les cryptes de Saint-Léger, le chœur de l'église, le cloître et la salle capitulaire, seules parties qui ont échappé à la guerre et à la Révolution, attirent avec raison l'attention des artistes et des antiquaires. Nous renvoyons pour de plus amples développements à nos *Annales du Diocèse de Soissons.*

II.

Catalogue des abbés de Saint-Léger.

1. Pierre est le premier abbé qui paraisse dans les

chartes, à partir de celle de Joslein de Vierzy, de 1139,
pour la fondation du monastère. Son abbatiat se pro-
longea au moins jusqu'en 1161.

2. Robert, 1164.

3. Baudoin, 1171.

4. Robert II, 1174.

5. Guillaume, 1181 à 1186.

6. Drogon, 1190.

7. Yves ou Yvon, vers 1195.

8. Henri, déposé en 1200 par Haymard de Provins,
évêque de Soissons, lequel confirma au chapitre des
religieux la libre élection de l'abbé.

9. Fulbert, 1203.

10. Lambert, 1210 à 1214.

11. Hugues, 1224 à 1230.

12. Heymard, qui paraît dans une charte de 1241
du Cartulaire de l'église de Soissons, concernant une
vigne à Bucy. Il ne figure pas au catalogue du *Gallia
christiana*.

13. Vincent, 1304.

14. Etienne, 1322. Il reçut de Jean XXII le droit de
porter la mître et les autres ornements pontificaux,
même dans les paroisses qui dépendaient de son abbaye.

15. Jean II, 1348.

16. Jean III, 1427 à 1457.

17. Jean IV Lancelot, 1461 à 1463.

18. Rolland de Pas, soissonnais de naissance, mort
en 1467.

19. Louis I de Sons, né à Saint-Quentin, d'abord
chanoine de Saint-Jean, nommé abbé de Saint-Léger
en 1467. Après une longue discussion, le chapitre de
Saint-Gervais lui accorda, et à ses successeurs, l'avant-
dernière stalle à la Cathédrale et l'avant-dernière place
du côté droit dans les processions générales. Louis de

Sons mourut en 1497, et fut inhumé dans le Chapitre.

20. Nicolas *Lebel*, 1498 à 1519.

21. Louis II Hanée, religieux profès de la maison, fut le premier abbé nommé par le roi. Il gouverna de 1520 à 1532.

22. Jean V Hanée, aussi profès de Saint-Léger, nommé en 1537.

23. Renaud de Dampont. Il était moine et infirmier de Saint-Denis, mais il prit l'habit et embrassa la règle de Saint-Augustin à Saint-Léger, 1538 à 1571.

24. Grégoire de Lafontaine, moine et infirmier de Saint-Denis, comme son prédécesseur. Il restaura le monastère à moitié détruit par les calvinistes, 1571 à 1613.

25. Philippe de Lafontaine, neveu de Grégoire, fut nommé abbé à l'âge de quatorze ans, étant encore novice à Saint-Médard de Soissons, 1613 à 1666.

26. Louis III Wiart, chanoine régulier de la Congrégation de France, aumônier et confesseur de Marie-Louise d'Orléans, duchesse de Montpensier, introduisit la réforme de Sainte-Geneviève à Saint-Léger, en 1670, avec l'appui de l'évêque Charles de Bourlon et de son frère Claude de Bourlon, 1666 à 1690. Il fut inhumé dans le Chapitre.

27. Claude de Bourlon, abbé de Chartreuve, lequel avait refusé l'évêché de Digne, en 1667. Il décora le chœur de l'église dont il fit faire les stalles, et se montra généreux envers l'abbaye et les pauvres de la paroisse, 1690 à 1698. On l'inhuma dans le chœur.

28. Louis IV Frotté fut nommé en 1698, mais il ne put obtenir l'abbaye en commende, parce qu'elle était rentrée en règle et conventuelle, quoique à la nomination du roi. Il mourut en 1709.

29. André Colas, 1710.

30. N. Nicéron, 1728.

Cloître de l'ancienne Abbaye de St Pierre à Soissons.

Laurent 1870.

31. René Biet. Il s'occupa de dissertations historiques en concurrence avec l'abbé Lebeuf. Il mourut en 1767, et on lui dédia une longue épitaphe latine.

32. Barthélemy Mercier, qui était le plus célèbre bibliographe de son temps, 1767 à 1792. Mercier mourut à la fin de la Révolution, en 1799.

III.

Cartulaire.

Le Cartulaire de Saint-Léger faisait partie de la bibliothèque de ce monastère. Dormay le mentionne dans son *Histoire de Soissons*, sous le titre de : *Livre des Chartes de Saint-Léger*. A la suppression des maisons religieuses, il passa, avec les débris des bibliothèques et des musées conventuels du Soissonnais, au palais de l'Intendance, devenu le district, et où l'on établit bientôt l'Ecole centrale. A la suppression de cette école, il fut transporté, avec la nouvelle bibliothèque, au grand Séminaire, et lors du partage des livres opéré entre cet établissement, la ville de Laon et celle de Soissons, il fut compris dans la partie attribuée au Séminaire. Il resta dans ce dépôt, à peu près inconnu, jusqu'en 1854. A cette époque, il fut mis en lumière dans la *Notice historique et descriptive de l'abbaye de Saint-Léger*, par MM. de Laprairie et l'abbé Poquet, publiée à l'occasion du rachat et de la restauration des bâtiments et de l'église du monastère (1).

Quelques années après, le manuscrit disparut de la bibliothèque du grand Séminaire, sans qu'on pût savoir ce qu'il était devenu, quoiqu'on eût fait d'actives

_____

(1) Il y a aussi une autre Notice sur l'abbaye de Saint-Léger, par M. Décamp, dans les Bulletins de la Société historique de Soissons.

2

recherches, même judiciaires. Les savants soissonnais en regrettaient vivement la perte lorsqu'il revint à Soissons par l'intermédiaire des RR. PP. Jésuites de Laon, et fut déposé, non plus à la bibliothèque du grand Séminaire, mais dans celle du petit Séminaire de Saint-Léger, sa place naturelle.

Dès qu'il nous eut été communiqué par M. Dupuy, supérieur des Pères Lazaristes de Saint-Léger, avec autant d'empressement que de confiance, nous en proposâmes la publication à la Société historique, qui en vota l'impression et nous chargea de ce travail.

IV.

Description du Cartulaire.

Ce manuscrit forme un petit volume de soixante-dix-huit feuillets de parchemin in-8°, et paraît avoir été écrit, depuis le folio 1er jusqu'au folio 44, à la fin XIIe siècle, et depuis le folio 44 jusqu'au folio 68, dans le cours du XIVe siècle. Il y a quelques pièces du XVe sur le verso de la feuille de garde et sur le recto de la dernière feuille. Sept feuilles entre le folio 68 et le folio 74 sont laissées en blanc. Sur ce dernier se trouve répété un état des terres de la maison de Saint-Léger d'Epagny, *à la Roie des Watelières*. Viennent ensuite deux Chartes des XIe et XVe siècles.

Les actes du Cartulaire de Saint-Léger ne portent point de titres, si ce n'est quelques-unes qui en ont un plus récent, incomplet, d'une mauvaise écriture du XVIe siècle et à la marge. Les incorrections en assez petit nombre ne doivent être sans doute imputées qu'au copiste des pièces originales. Celles-ci n'existent plus, ou du moins nous n'en avons trouvé aucune. Les chartes, les bulles, sont placées sans ordre ni chrono-

logique, ni topographique ; nous avons dû, après avoir
pris l'avis de la Société historique de Soissons, les ran-
ger sous le premier. Elles sont pour la plupart du XIIe
et du XIIIe siècle ; il n'y en a qu'une du XIe et trois
du XVe. La seule pièce étrangère que nous avons pu y
ajouter, et dont l'original se trouve à la bibliothèque
de Saint-Léger, concerne l'entrée des Génovéfains
dans le monastère, au XVIIe siècle.

L'écriture de la première partie du manuscrit est
claire et d'une lecture facile ; les premières lettres des
actes sont en majuscules assez élégantes et enluminées
en couleur verte et rouge invariablement. L'écriture
de la seconde partie n'est pas moins lisible, mais les
majuscules n'ont pas d'enluminures.

Domaines de Saint-Léger, mentionnés dans le Cartulaire

Outre les cens, droits, dîmes qu'il percevait à Soissons, à Louâtre, Parcy, Ambleny, Cramailles, Beugneux, Bucy le Long, Vauxbuin, Chivres, Epagny,
Branges, Coulonges, Pommiers, Margival, Berzy le Sec,
Saint-Pierre-Aigle, Terny, Coucy, Vignolles, Cuffies, etc. Saint-Léger possédait la cure de l'ancienne
paroisse de Saint-Pierre à la Chaux, celles de Vauxbuin, de Montgobert, de Beugneux, avec la chapelle de
Saint-Rufin et Saint-Valère de Wallé, le prieuré de Vingré (hameau de Nouvron), la chapellenie de St-Crépin
le Petit, près du château des Comtes, la collégiale de
Saint-Prince, dans la Tour même des Comtes, l'église
de Chavigny, près de Longpont, avec la ferme de Chavigny, la cense ou ferme de Saint-Léger, à Epagny, à
la tête desquelles il y avait un *maître* ou intendant,
nommé *magister curiæ*. Celle-ci avait été construite
par les religieux et avait une chapelle.

V.

Particularités contenues dans le Cartulaire.

Le Cartulaire de Saint-Léger n'a pas l'importance de ceux des grandes abbayes ; il n'offre même qu'un intérêt local. On y trouve , en effet , des détails précieux sur la topographie de Soissons , sur des fermes et des villages du Soissonnais. Il y est fait mention de plusieurs comtes, d'un certain nombre de seigneurs et de bourgeois du pays, de deux ou trois évêques de Soissons, de prévôts, de doyens du Chapitre, d'archidiacres, officiaux , chanoines donnant ou signant des chartes. Nous remarquerons surtout quelques particularités concernant le régime communal, et les surnoms donnés aux XIIe et XIIIe siècles.

La commune de Soissons fut érigée en 1161 , sous l'évêque Lysiard. Nous trouvons deux noms de maïeurs de cette commune : *Guido*, Guy, en 1171, et *Radulfus ad Dentem*, *Radulfus al Dent*, *Radulfus Dens*, Raoul Ledent, en 1181.

Il semblerait que le village de Cuffies jouissait aussi de franchises communales, puisque , dans une charte sans date, mais que l'on peut rapporter à 1139-1146, il est question d'un cens perçu près de la cloche de la commune (*censum qui juxta campanam communiæ situs est*). On en pourrait dire autant du village d'Epagny, car dans une charte d'Iter de Chauny, également sans date, mais que l'on doit placer entre 1141 et 1178, et qui concerne une convention au sujet de la construction de la ferme de Saint-Léger, on lit qu'elle a été faite devant l'assemblée d'Epagny, afin qu'elle acquît plus de solidité (*conventio facta est coram communi ecclesia Epagni ut majorem habeat confirmationem*). Cette pièce est signée entre autres par Pierre, chevalier d'Epagny, par le maïeur, nommé Aszo, sans autre désignation, et par des gens du village comme Hugues Leroux, Payen Pied d'Agneau, et approuvée par toute la paroisse (*tota parrochia*). Le même Robert paraît dans une autre charte de 1161, concernant le moulin d'Epagny, avec le titre de maïeur d'Epagny (*maïor d'Epagni*). Dans d'autres chartes d'Ives de Nesles, on remarque parmi les témoins un *Joisbertus*, *maïor d'Espaigni*, un Jean, *maïor* d'Espaini.

Les surnoms donnés au moyen âge, et devenus souvent ensuite des noms propres, se tiraient soit de la ville, du bourg ou du village, et même du quartier qu'on habitait, soit de la profession qu'on exerçait, soit d'un défaut naturel ou d'une qualité morale. On en trouve de curieux exemples dans le Cartulaire de Saint-Léger.

Sous la première catégorie se rangent : Jehan le Bourguignon, Hugues le Bourguignon, Roger *li Champenois*, Raoul le Sarrazin, Guy de la rue Neuve, Garnier de la Chaisne (quartier de Soissons), Martin de la Chauchie (Chaussée), Philippe la Porte, Gauthier de la Porte, Ives du Marché, Gérard du Château, Liziard Peyranville (*Paierans villam*).

Sous la seconde catégorie, Godefroy Lequeux (ou le cuisinier), Guy l'Ecrivain (*scriba*), Guillaume le Charbonnier, Roger le Cirier, Thibauld le Boulanger, Gérard le Sicaire ou le Boucher (*sicarius*).

Sous la troisième, Albéric le Géant, Roger le Maigre (*macer*), Simon le Pélé, Hugues le Roux, Payen Pied d'Agneau, Gérard le Lièvre, Raoul au Dent (*Radulfus cum dente, ad dentem*), Guillaume le Boiteux, Théodoric Froisse bos (Frise bois) (1), Jean le Mort (*Joannes*

---

(1) Il paraît avoir laissé son nom à une rue de Soissons, la rue Frize-Bois.

mortuus) , Foulques le Bègue, Gervais le Petit , Evrard le Beau, Pierre dit *Hanz de Cuez*, Jehan *le Douz*, etc.

Droits perçus à Soissons.

On percevait à Soissons des droits sur les offices des parmentiers ou tailleurs (*parmentariorum*) et des cordonniers (*corduanorum*), sur les fagots arrivant par la rivière en des bateaux , sur les barbiers (*in barba rasa*). Le comte les avait donnés à Saint-Léger, ainsi qu'une part sur ceux de sextrelage ou de mesurage au marché. Ce marché avait sa mesure (*mensura Suessionensis fori*). Du reste, les mesures variaient beaucoup dans le Soissonnais. Indépendamment de celles des villes et bourgs, il y en avait de particulières à certaines granges dîmeresses, à certaines fermes. La mesure dite du comte de Soissons ne différait sans doute pas de celle du marché de la ville.

Mesures et monnaies mentionnées dans le Cartulaire.

Ces mesures sont l'arpent, l'essein, le setier pour les terres ; pour les liquides, le muid, le setier. Les monnaies sont la livre et le sous de Provins , la livre et les sous de Châlons et de Paris , la livre forte, les sous de Soissons , le denier et l'obole *nérets* ou *noirets* , ainsi appelés de leur couleur terne ou noire.

A ces diverses particularités on pourrait en ajouter beaucoup d'autres ; il nous a paru qu'il suffisait de mentionner celles-ci, et qu'il fallait laisser quelque chose à faire aux érudits qui examineront le cartulaire.

L'abbé PÉCHEUR ,
Secrétaire de la Société.

I.

1070. — f° 11, v°.

CHARTE par laquelle Adélard, évêque de Soissons, attribue à la collégiale de Saint-Léger l'autel de Chavigny, près de Longpont (1).

In nomine sancte et individue Trinitatis.

Ego Adelardus Suessionensis episcopus, notum esse volo omnibus, tam futuris quam presentibus, quod quidam canonicus, nomine Amalricus, ad personaticum (2), sicut clericus unus, de me tenebat altare in villa domus Mentardi vulgo nominata (3) in quo, quasi pro beneficio, post mortem clerici, quidam laicus frater suus, nomine Gundacer, clamabat se rectum (4), et inde quesivit placitum (5) a me per quod rectum quod in altari clamabat posset monstrare. Ego autem, ne viderer aut putarer facere injustitiam, optuli ei placitum ad litem hujus calumpnie determinandam,

(1) Amalric, chanoine de Saint-Léger, tenait de l'évêque, à titre de *personnat*, l'autel en question.

(2) Adélard tint le siège de Soissons de 1064 à 1072.

(3) Cette maison de Mentard était la ferme que la collégiale de Saint-Léger possédait à Chavigny, entre Longpont et Montgobert (canton de Villers-Cotterêts). Chavigny, qui formait alors une paroisse, n'est plus qu'un hameau de Montgobert. « Altare in villa domus Mentardi, » signifie « l'autel du village où est située la maison Mentard, c'est-à-dire de Chavigny. » Il y a encore en ce lieu les *champs de Mentard*, le *bois de Mentard*.

(4) Proclamait son droit.

(5) Un plaid, une audience.

quod ipse recipere noluit. Interea canonici sancti Leodegarii ante presentiam meam venerunt et unanimiter,
atque humiliter, misericordiam meam postulaverunt,
ut facerem pro Dei amore ac pro anime mee requie
quatinus illud altare perpetualiter condonarem Sancti
Leodegarii ecclesie et clericis eidem servientibus, ut
pro isto beneficio, in predicta ecclesia, meum fieret
memoriale omnibus diebus et temporibus, et sancti
predicti martyris meritis ac precibus mihi propiciare-
tur omnipotens Dominus. Ego autem Adelardus, Suessionensis episcopus, preces suscepi supradictorum
clericorum, et ecclesie Sancti Leodegarii, salvo jure
ecclesiastico, dedi altare prenominatum, ea tamen
ratione et conventione, ut si predictus eques Gundacer
post istud donum de eodem altari veniret ad placitum
et monstrare posset se in eo habere rectum, quod mihi
liceret de clericis et de ecclesia Sancti Leodegarii altare
recipere, et predicto equiti reddere. Si vero clamor
aut placitum omnino remanerent, aut in altari se
rectum habere Gundacer monstrare non posset, altare
Sancti Leodegarii ecclesia et ejus canonici quietum
tenerent. Ut igitur hoc stabile remaneret et firmum,
jussi ego Adelardus, Suessionensis episcopus, ob ve-
ritatis et firmitatis testimonium, ecclesie et clericis
istud fieri scriptum quod propria manu firmavi, et
subscriptis firmandum tradidi. Actum in domo Matris
Ecclesie Suessionice (1) anno Incarnationis dominice M̊ LXX (2).

(1) On entendait par maison de la mère Eglise, ou cathédrale de
Saint-Gervais de Soissons, le palais épiscopal.

(2) On trouvera en marge du fol. 11, v°, avec cette qualification :
Nota inepta, la remarque suivante : « Error in supputatione annorum
hujus diplomatis, alias fundatio facta fuisset sub Alexandro II, regnante
Philippo I, sic que 69 annis antiquior esset fundatio quam aliis se-
quentibus diplomatibus certius et exploratius constet. » Il est certain,
d'après cette charte, qu'il y avait des chanoines séculiers à Saint-Léger,

II.

1139. — f° 12, v°.

CHARTE de Joslein, évêque de Soissons, pour la fondation du monastère de Saint-Léger.

In nomine sancte et individue Trinitatis. Goislenus, Dei patientia Suessorum vocatus episcopus (1) Petro ejusdem gratia venerabili abbati Sancti Leodegarii, omnibus que successoribus ejus canonice substituendis, in perpetuum. Nos qui pastores in Ecclesia Dei constituti sumus iccirco episcoporum nomine censemur quia desuper intendere et sollicitiori vigilantia ecclesias nobis commissas custodire debemus. In quibus autem bonus status invenietur ipsum diligere, et in meliori, si facultas se obtulerit, promovere satagam. Si quid vero diabolico instinctu, vel pravorum hominum perversitate, in eisdem ecclesiis corruptum invenietur, procul pulsa seculari conversatione, ad religiosum statum revocare laboremus. Ea propter fili Petre, abba in Xristo karissime, notum fieri volumus tam presentibus quam futuris, quoniam ecclesiam Sancti Leodegarii in suburbio suessionice civitatis sitam (2) quam

au XIe siècle, et qu'en effet la transformation de cette collégiale en abbaye de chanoines réguliers, ou, si l'on veut, la fondation de l'abbaye de Saint-Léger n'eut lieu qu'au XIIe siècle, en 1139.

(1) Joslein de Vierzy occupa le siége de Soissons de 1126 à 1152.

(2) L'église de Saint-Léger se trouvait en dehors de l'enceinte de l'ancienne cité, et par conséquent dans un faubourg de Soissons.

suessionenses comites longis retro temporibus, quasi
de beneficio Suessionensium episcoporum, pro successione tenuerant (1) , Reinaldus comes a nobis sepe,
et a religiosis viris ammonitus, pro remedio anime sue
et parentum suorum, in manu nostra refutavit, in ecclesia beatorum martyrum Gervasii et Protasii, in Pascha, cum multa cleri et populi adesset frequentia (2).
Cum autem ecclesiam cum universis pertinentiis suis
in manu nostra reddidisset, rogavit et multa supplica-
tione expeciit, ut in eadem ecclesia conventum clericorum secundum regulam beati Augustini viventium con-
stitueremus, quibus ejusdem religionis, abbas in sempiternum preficeretur(3). Nos vero pie postulationi illius
assensum prebentes quod rogaverat benigne perfeci-
mus. Ceterum, quia facultas ecclesie fratrum usibus
sufficere non videbatur, idem comes omnes decimas
quas tenebat in manu nostra reddidit ; Nos vero eas
eidem ecclesie episcopali munificentia contulimus :
decimam annone et vini quam habuerat apud Buciacum ; simili modo decimam annone et vini quam
habuerat ad Sanctum Martinum (4) ; eodem modo
decimam quam habuerat apud Ambliniacum et alias
quascumque tunc habebat; sed et vineam que dicitur
de Thesauro (5) eidem ecclesie per manum nostram
contulit ; duos modios quoque salis in teloneo suo
eidem ecclesie quot annis de primis redditibus nostra
concessione in perpetuum dedit, sed et censum domo-

---

(1) Beaucoup d'églises, à cette époque, étaient tenues *en bénéfice*
par des laïques.

(2) L'église cathédrale de Soissons, dédiée à Notre-Dame et à saint
Gervais et saint Protais.

(3) Les premiers religieux de Saint-Léger furent tirés de l'abbaye
d'Arrouaise.

(4) Paroisse de Saint-Martin de Soissons.

(5) Vigne du Trésor, ainsi appelée parce qu'elle appartenait à l'office
de la Trésorerie du chapitre de Saint-Pierre au Parvis de Soissons.

rum que inter ecclesiam et aquam (1) site sunt, et censum domus Bernardi, que juxta atrium ejusdem ecclesie sita est, quem habebat eidem ecclesie in elemosinam dedit ; sed et insulam prope sanctum Julianum (2)
et medietatem alterius insule que prope ecclesiam
Sancti Leodegarii sita est, altera enim medietas Sancti
Medardi est, eidem ecclesie largitus est; sedem quoque
molendinorum que sub Turri (3) ejus est eidem dedit
ecclesie; domum quoque hospitalem que juxta forum (4)
sita est cum omnibus appendiciis suis, et furnum
prope eamdem domum situm, absque omni retentione,
eidem ecclesie in perpetuum reddidit. Rogavit etiam
ut si quid amplius de feodo nostro eidem ecclesie
dare vellet, misericorditer concederemus, quod et
fecimus. Idem etiam comes Renaldus concessit quicquid de feodis suis fidelium devocio eidem conferret
ecclesie. Petrus filius Gervini et Gisla dederunt fratribus ecclesie Sancti Leodegarii unum modium tritici de
terragio apud Loistram in perpetuum. Testes : Ego Goislenus ; abbas Bruno de Noviando (5) ; Theobaldus archidiaconus ; Radulfus archidiaconus ; Renerus, prior
Premonstrate ecclesie ; Johannes, capellanus ; Renaldus sacerdos; Hugo de Baselces. Adelot, uxor Goisleni,
dedit fratribus sancti Leodegarii unum modium vini et
duas gallinas apud Buciacum in perpetuum pro remedie
anime sue et sponsi sui Goisleni et filii sui Fulconis.
Testes, Guterus, capellanus ; Albertus, prepositus ;
Ebroinus, clericus ; Hugo burgundio ; Johannes, filius

---

(3) La rivière d'Aisne.
(2) L'église de Saint-Julien située de l'autre côté de la rivière
d'Aisne.
(3) La Tour des Comtes ou Château des comtes de Soissons, près de
Saint-Léger et de la rivière.
(4) La place du Grand-Marché de Soissons.
(5) Nogent sous Coucy.

Gertrudis ; Radulfus sarracenus ; Girardus de Cris-
piaco. Ut autem hec nostre institutionis forma inviolatum robur obtineat, sigillo nostro muniri precipimus ;
prohibentes ne qua ecclesiastica, secularis ve persona,
hanc nostram et comitis, aliorumque fidelium largitione perturbare, aut temerario ausu labefactare presumat. Quod si fecerit, secundo, terciove ammonita,
divine ultioni subjaceat. Actum est hoc anno incarnationis dominice M̂. Č XX̂X. IX. (episcopatus nostri
tricesimo Ludovico Ludovici filio regnante in Francia
et Aquitania anno secundo) (1)

(1) Louis le Jeune, fils de Louis le Gros.

III.

1139. — f° 17.

CHARTE de Joslein, évêque de Soissons, attribuant au monastère le soin pastoral de la paroisse de Saint-Léger. (Donum curiæ parochialis, ms.)

In nomine sancte et individue Trinitatis. Goislenus, Dei gratia sancte Suessionensis Ecclesie humilis minister, Petro ejusdem pacientia ecclesie Sancti Leodegarii abbati, omnibusque successoribus ejus canonice substituendis in perpetuum. Officii nostri consideratione ammonemur ut Ecclesiam Dei talibus paranimphis custodiendam tradamus qui ipsam sine macula sponso suo, videlicet Xristo, quandoque valeant presentare. Ea propter, fili Petre in Xristo carissime, Ego Goislenus, episcopus, et Ansculfus prepositus, et Nivelo (1) archidiaconus, curam parrochialem ecclesie Sancti Leodegarii in suburbio suessionice civitatis site pòst discessum Rogeri sacerdotis ipsam curam ad presens agentis (2) tibi, omnibusque successoribus tuis, per aliquem ejusdem ecclesie canonicum regularem et sacerdotem procurandam pro deliberatione nostra et remedio animarum nostrarum in perpetuum concedimus. Huic religiose concessioni interfue-

(1) Ancoul et Nivelon devinrent évêques de Soissons.
(2) La cure de la paroisse Saint-Léger était attribuée à l'un des chanoines séculiers de la collégiale; elle passa à l'abbé de Saint-Léger, qui devait aussi la confier à l'un des chanoines réguliers de son couvent.

runt Gervasius, venerabilis abbas de Aridagamantia ;
Henricus, abbas de Nemore ; Alulfus, abbas Carniacensis *(Calniacensis);* Robertus, abbas de Cavea ;
Rohardus, decanus ; Alvredus, prior de Aridagamantia (1) ; Philippus, prior, Balduinus, subprior ; Renaldus, comes Suessionis, Gerardus de Chatello (2).
Ut autem hec nostre institutionis formula robur inviolabile in sempiternum obtineat sigillo nostro munivimus. Si qua igitur ecclesiastica, secularisve persona, hanc nostram et Ansculphi prepositi et Nivelonis archidiaconi concessionem temerario ausu infringere, vel labefactare presumpserit, secundo, terciove
ammonita, nisi digna satisfactione peniteat, a corpore
et sanguine Xristi redemptoris nostri alienus fiat et in
extremo examine divine ultioni subjaceat. Actum est
hoc anno incarnationis dominice M̊ C̊. XX̊X nono,
Episcopatus nostri XIII.

(1) Les abbayes dont il est ici question sont celles d'Arrouaise, de
Saint-Nicolas au Bois, de Chauny, de Saint-Crépin en Chaye.

(2) Du château (de Soissons).

IV.

(Sans date.)

1139 à 1143. — f° 5 , v°.

BULLE de confirmation donnée par Innocent II.
(Post 1125 vel 1131 , note du ms.)

INNOCENTIUS (1) episcopus, servus servorum Dei , dilectis filiis Petro, abbati Sancti Leodegarii, ejusque fratribus tam presentibus quam futuris regulariter substituendis in perpetuum. Pie postulatio volontatis effectu
debet prosequente compleri , ut devocionis sinceritas
laudabiliter enitescat, et utilitas postulata vires indu-
bitanter assumat. Ea propter, in domino filii , vestris
justis postulationibus clementer annuimus , et Beati
Leodegarii ecclesiam, in qua divino mancipati estis
obsequio, sub beati Petri et nostra protectione suscipimus et presentis scripti privilegio communimus: statuentes ut quascumque possessiones, quecumque bona,
eadem ecclesia in presentiarum juste et canonice pos-
sudet , aut in futurum , concessione pontificum , largitione regum vel principum , oblatione fidelium , seu

---

(1) En remarque d'une écriture récente : « Innocentius II qui sedebat
anno Domini 1131 sub quo primum fundata est ecclesia nostra (vel
paulo ante sub Honorio II qui sedebat anno Domini 1125) sed certius
est fundationem factam fuisse sub hoc Innocentio a Reinaldo comite ,
regnante Ludovico VII dicto pio, episcopatum gerente Goisleno. »

Le pape Innocent II ayant siégé de 1130 à 1143, il est permis de
placer cette bulle de confirmation après 1139, année de la fondation
de Saint-Léger par Joslein de Vierzy.

aliis justis modis, Deo propitio, poterit adipisci, firma
vobis, vestrisque successoribus, et illibata permaneant. In quibus hec propriis duximus exprimenda
vocabulis : Cavegni cum appendiciis suis ; decima
annone et vini quam Renaldus habuit apud Buciacum ;
decima annone et vini quam habuit idem Renaldus
apud Sanctum Martinum ; vineam que dicitur de
Thesauro, et ceteras vineas quas habetis in Cociaco ;
Duos modios salis de redditibus ejusdem comitis ; terram que est inter atrium et Ausonam (1) ; insulam
prope Sanctum Julianum, et medietatem insulæ prope
Sanctum Leodegarium ; sedem molendinorum sub
Turre comitis ; domum hospitalem juxta forum sitam
cum appendiciis suis ; furnum prope eamdem domum ;
modium tritici de terragio apud Loistra, et vinagia
que habetis apud Buciacum ; vinagia et terragium et
censum que habetis ad Pomiers ; terram et nemus et
dimidium molendinum et terragium et dimidium vivarium, et census et quicquid habuit Renaldus comes
apud Espagni in monte et in valle absque omni retentione preter hospites ; clausum Sancti Martini ; officium parmentariorum ; officium corduanorum ; fasciculos lignorum navicularum ; pratum de Vinoles, pratum de Cufies ; decimam quoque annone et nummorum
sexteragii suessionis ; terram que est ante ecclesiam
Sancti Leodegarii quam dedit Adelidis comitissa, et
census et hospites quos habetis Suessionis ; furnum
apud Buciacum, modium frumenti de terragio de Parreci ; ad molendinum de Colonges solidos quinque ;
duas partes magne decime annone de Cramalia. Statuimus etiam ut ordo canonicus secundum beati
Augustini regulam et institutionem fratrum de Aridagamantia perpetuis temporibus ibi inviolabiliter conser-

(1) L'espace compris entre l'Aisne et le cimetière de Saint-Léger.

vetur. Prohibemus quoque ut nullus post factam ibidem professionem absque abbatis totiusque congregationis permissione ex eodem claustro discedere audeat ; discedente vero absque communi litterarum cautione , nullus suscipiat. Obeunte vero te nunc ejusdem loci abbate, vel tuorum quolibet successorum, nullus ibi qualibet subreptionis astutia , seu violentia preponatur , nisi quem fratres , communi vel sanioris partis assensu, secundum Deum providerint eligendum. Decernimus ergo ut nulli omnino hominum liceat prefatam ecclesiam temere perturbare , aut ejus possessiones auferre, vel ablatas retinere, minuere aut aliquibus vexationibus fatigare ; sed omnia integra conserventur eorum pro quorum gubernatione et sustenta. tione concessa sunt usibus omnimodis profutura, salva dyocesani episcopi canonica justicia. Si qua igitur in futurum ecclesiastica, secularisve persona, hanc nostre constitutionis paginam sciens contra eam temere venire temptaverit secundo tercio ve commonita, si non satisfactione congrua emendaverit, potestatis, honorisque sui dignitate careat, reamque se divino judicio existere de perpetrata iniquitate cognoscat, et a sacratissimo corpore ac sanguine Dei et domini redemptoris Jhesu Xristi aliena fiat, atque in extremo examine districte ultioni subjaceat. Cunctis autem eidem loco justa (jura) servantibus sit pax domini nostri Jhesu Xristi , quatinus et hic fructum bone actionis percipiant, et apud districtum judicem premia eterne pacis inveniant. Amen. Amen. Amen.

V.

1139 à 1143. — f° 9.

BULLE du pape Innocent II, pour la confirmation des biens et priviléges de Saint-Léger.

INNOCENTIUS episcopus, servus servorum Dei (1) dilecto filio Petro, abbati Sancti Leodegarii ecclesie, ejusque successoribus canonice substituendis in perpetuum. Sicut injusta poscentibus nullus est tribuendus effectus, ita legitima desiderantium non est differenda peticio. Proinde, dilecti in domino filii, Petre abbas, tuis et fratrum tuorum desideriis paterna benignitate impertimus assensum, et ecclesiam Beati Leodegarii, cui, auctore Deo, preesse dinosceris, cum omnibus ad eam pertinentibus presentis scripti pagina communimus; statuentes, ut quascunque possessiones eadem ecclesia in presentiarum juste possidet, aut in futurum, concessione pontificum, liberalitate regum vel principum, oblatione fidelium, seu aliis justis modis, Deo propicio, poteritis adipisci, firma tibi tuisque successoribus et illibata permaneant. In quibus hec nomina

---

(1) En remarque d'une écriture récente : « Innocentius II, idem qui supra, vel tertius qui sedebat, anno Domini 120. » Comme cette bulle est adressée à l'abbé Pierre Ier, abbé de Saint-Léger, qui gouverna le monastère de 1139 à 1161 au moins, et probablement jusqu'à 1164, et qu'Innocent II siégea de 1130 à 1143, et Innocent III de 1198 à 1216, il demeure avéré que la bulle est d'Innocent II.

duximus exprimenda; decimam videlicèt annone et
vini quam Renaldus comes habuerat apud Buciacum ;
decimam annone et vini quam habuerat idem apud
Sanctum Martinum; decimam quam habuerat apud
Ambleniacum , et alias quascunque tunc habebat,
vineam que dicitur de Thesauro, duos modios salis ad
teloneum , censum domorum que intra ecclesiam et
aquam site sunt ; censum domus Bernardi ; insulam
prope Sanctum Julianum et medietatem insule prope
Sanctum Leodegarium ; sedem molendinorum sub
Turre comitis; domum hospitalem juxta forum sitam
cum appendicis suis ; furnum prope eamdem domum ; modium tritici de terragio apud Loistram ; modium vini et duas gallinas apud Buciacum. Adjicientes
etiam statuimus : ut ordu Canonicus juxta consuetudi-
nes ecclesie Sancti Nicholai de Aridagamantia in eodem
loco futuris temporibus perpetuo conserventur. Obeunte vero te, nunc ejusdem loci abbate, nullus ibi qualibet subreptionis astutia seu violentia preponatur,
nisi quem fratres canonici elegerint. Decernimus ergo
ut nulli hominum liceat prefatam ecclesiam temere
perturbare, aut ejus possessiones auferre , vel ablatas
retinere, vel injuste acceptas suis usibus vendicare,
minuere vel temerariis vexationibus fatigare ; sed omnia integra serventur eorum pro quorum gubernatione et sustentatine concessa sunt usibus omnimodis
profutura, salva nimirum in omnibus dyocesani episcopi justicia. Si qua igitur in posterum ecclesiastica,
secularisve persona, hujus nostre constitutionis paginam sciens contra eam temere venire temptaverit, secundo, terciove commonita, nisi reatum suum congrua satisfactione correxerit, potestatis , honorisque
sui dignitate careat, atque a sacratissimo corpore et
sanguine Dei et domini nostri Jhesu Xristi aliena fiat,
atque in extremo examine districte subjaceat ultioni.

Cunctis autem eidem loco sua jura servantibus sit pax
domini nostri Jhesu Xristi, quatenus et hic fructum
bone actionis percipiant, et apud districtum judicem
premia eterna inveniant. Amen. Amen. Amen (1).

(1) Voyez les premières bulles de confirmation pour la situation des
lieux.

VI.

(Sans date)

Entre 1139 et 1146. — f° 33, v°.

CHARTE de l'abbé de Saint-Léger sur un surcens et un pré situé à Cuffies.

In nomine sancte et individue Trinitatis. Notum sit tam presentibus quam futuris quod Dominus Guido de Cufiis supercensum qui juxta campanam communie situs est (1) ecclesie Sancti Leodegarii in perpetuum dimisit possidendum, salvo recto censu, scilicet X denariorum currentis monete, infra villam solvendo et justitia. Nos autem ei et heredi suo concessimus custodiam prati nostri de Cufiis tali conditione, quod herbam secare faciet eamque in duas partes dividet, et unam pro libitu nostro accipiemus. Si autem claudendum fuerit, de suo et nostro pariter claudetur. Si vero custodia predicti Guidonis aliquod dapnum in pratum fuerit attestatione vicinorum circumanentium ecclesie ab eo restauretur. Et quia pratum nostrum ex elemosina comitis Suessionis nobis donatum est, ut hec pactio aliqua refragatione negari non possit, presens cyrographum ipsius comitis sigillo fecimus communiri. Hujus rei testes sunt Guido de Cufies, Odo filiaster

(1) La cloche annonçant les assemblées de la commune. Cette particularité indiquerait qu'au XIIe siècle le village de Cuffies était érigé en commune, ainsi que nous l'avons déjà remarqué.

suus, Johannes Cogerei , Johannes de Ulchia, canonici
Sancti Johannis. Sciendum vero est quod uxor sua et
filii sui hoc idem laudaverunt et fecerunt (1).

(1) Cette pièce n'est pas datée; mais comme le pré en question a été,
d'après elle et les chartes précédentes, donné par Renauld , fondateur
de Saint-Léger, et que l'abbé l'a fait munir du sceau du comte, qui mourut en 1146, on doit le placer avant cette date.

VII.

« *Post* 1145. » — f° 7, v°.

BULLE de confirmation d'Eugène III.

EUGENIUS (1) episcopus , servus servorum Dei, dilectis filiis Petro , abbati sancti Leodegarii Suessionis,
ejusque fratribus , tam presentibus quam futuris , in
canonicam vitam professis , in perpetuum. Quociens
illud a nobis petitur quod religioni et honestati convenire dinoscitur , animo nos decet libenti concedere et
petentium desideriis congruum impertiri suffragium ;
Ea propter, dilecti in domino filii, vestris justis postulationibus clementer annuimus , et ecclesiam sancti
Leodegarii in qua divino mancipati estis obsequio, sub
beati Petri et nostra protectione suscipimus , et presentis scripti privilegio communimus. Statuentes ut
quascunque possessiones , quecunque bona in presentiarum juste et canonice possidetis , aut in futurum
concessione pontificum, largitione regum , vel principum , oblatione fidelium , seu aliis justis modis , prestante domino, poteritis adipisci, firma vobis vestris que
successoribus et illibata permaneant. In quibus hec
propriis nominibus duximus exprimenda : villam que

---

(1) En remarque d'une écriture récente : « Eugenius III, successor
Innocentii II, monachus cisterciensis, divi Bernardi discipulus, qui
sedebat anno Dom. 1145, regnante Ludovico VII°. »
Eugène III siégea de 1145 à 1153. Il ne fut pas le successeur immé-
diat d'Alexandre II, mais il y eut entre eux Célestin II et Lucius II,
dont le pontificat fut très-court.

vocabatur Chavegni ; altare ejusdem ville cum appendiciis suis ; vineam prope ecclesiam Sancti Martini ; vineam de Rupe ; vineam de Thesauro ; Longam vineam ; quicquid juris habetis in vinagiis vestris ; duos modios salis sicut rationabiliter, singulis annis, ex primis redditibus bone memorie comes Renaldus vobis habendos concessit ; terram que est inter atrium et Auxonam ; insulam prope Sanctum Julianum ; medietatem insule prope Sanctum Leodegarium ; sedem molendinorum sub Turre comitis ; domum hospitalem juxta forum Suessionis sitam cum appendiciis suis ; furnum prope camdem domum ; modium tritici de terragio apud Loistram ; quicquid juris habetis in officiis parmentariorum et corduanorum ; quicquid juris habetis in fasciculis lignorum que ad civitatem Suessionem navibus deferuntur ; pratum de Vignoles ; pratum de Cufies ; terram que est ante ecclesiam Sancti Leodegarii quam dedit ecclesie vestre Adelaidis comitissa ; quicquid juris habetis in censibus et in hospitibus qui Suessionis consistunt ; furnum apud Buciacum ; modium frumenti de terragio ville que vocatur Parreci ; quinque solidos de molendino de Colonges ; quicquid juris habetis in prebendis et clericis Sancti Principis capelle ; (1) terciam partem tocius decime et altaris de Montgombert ; quicquid juris habetis in decimas annone et vini apud Buciacum et apud Sanctum Martinum ; quicquid juris habetis in decima annone et nummorum sexteragii Suessionis ; quicquid juris habetis in terra et terragio, et nemore, et molendino et vivario que apud Espagni sunt in monte et in valle. Sane de terris nemorum quas propriis manibus aut sumptibus excoluistis vel excoletis in posterum et de nutrimentis vestrorum animalium nullus a vobis exi-

(1) Chapelle de saint Prince, au château de Soissons.

gere presumet. Decernimus ergo ut nulli omnino hominum liceat vestram ecclesiam temere perturbare,
aut ejus possessiones auferre, vel ablatas retinere, minuere, seu aliquibus exactionibus fatigare, sed omnia
integra conserventur eorum, pro quorum gubernatione et sustentatione concessa sunt, usibus omnimodis profutura, salva sedis apostolice auctoritate, et
dyocesani episcopi canonica justicia. Si qua igitur in
futurum ecclesiastica secularisve persona hanc nostre
constitutionis paginam sciens contra eam temere venire temptaverit, secundo, terciove commonita, si non
satisfactione congrua emendaverit, potestatis, honorisque sui dignitate careat, reamque se divino judicio
existere de perpetrata iniquitate cognoscat, et a sacratissimo corpore ac sanguine Dei et Domini nostri Jhesu
Xristi aliena fiat, atque in extremo examine districte
ultioni subjaceat. Cunctis autem eidem loco sua jura
servantibus sit pax Domini nostri Jhesu Xristi, quatinus et hic fructum bone actionis percipiant, et apud
districtum judicem premia eterne pacis inveniant.
Amen, amen, amen.

VIII.

1154. — f° 27, v°.

CHARTE d'Ancoul de Pierrefonds, évêque de Soissons, contenant un arrangement entre Saint-Léger et Longpont pour un chemin.

In nomine sancte et individue Trinitatis, Ego Ansculfus Dei gratia suessionensis episcopus (1), notum fieri volo tam futuris quam presentibus quod Gerardus, abbas monachorum Longipontis et fratres ejusdem loci et Petrus, abbas sancti Leodegarii Suessionis, et fratres ejusdem ecclesie, quamdam inter se habebant controversiam de via quadam quam ipse abbas Longipontis et fratres sui novam et terre Beati Leodegarii conjonctissimam que curti Chavegniaci adjacet, facere volebant ; cujus vie introitus et exitus esset prope terram Sancti Leodegarii predicte curti adjacentem. Que via si fieret abbatem Sancti Leodegarii et fratres ejus gravaret. Porro, abbas Petrus et fratres ejus gravamen suum attendentes in pluribus, ne via illa fieret prohibuerunt et sepius contradixerunt, abbate Gerardo et fratribus ejus multum ad hoc ut fieret insistentibus et laborantibus. Denique ambo abbates ante presentiam meam venerunt et supra via illa disceptaverunt et post multas disceptationes ad ultimum per Dei gratiam in arbitrio meo et laude se ambo posuerunt ut fine quo decernerem disceptationes suas terminarem. Ego itaque pacem et

(1) Ancoul occupa le siége de Soissons de 1152 à 1158.

concordiam eorum volens, viam illam monachis valde
necessariam et utilem attendens, canonicorum etiam
quieti providens, ut via illa fieret consideravi ; ita
tamen quod ecclesia Sancti Leodegarii nullum per eam
gravamen vel rerum suarum pateretur dispendium.
Consideravi etiam quod via altera juxta mansionem curtis Chavigniachi per quam monachi carricare volebant
ex toto ab eis dimitteretur, nec aliam alibi in terra
Sancti Leodegarii cum carris aut vehiculis fratres
aliquatenus gravantem, nisi per licentiam eorum, de
cetero facerent. Hanc compositionem ego Ansculfus
suessionensis episcopus, abbatum et fratrum utriusque
partis paci et quieti consulens, adhibito diligenti studio
inter eos stabilivi et scripti mei proprio sigillo muniti
auctoritate confirmavi. Huic compositioni testes interfuerunt Wido, abbas Sancti Joannis; Johannes, archidiaconus; Radulfus, archidiaconus ; Rogonus , canonicus ; Bernardus, capellanus episcopi ; Johannes alius
capellanus. Actum est hoc ab incarnatione Domini anno
M. C. L. IIII, episcopatus nostri secundo.

IX.

1158. — f° 17, v°.

*CHARTE d'Ancoul de Pierrefonds, pour la confir-
mation à Saint-Léger, de la cure de la paroisse,
« confirmatio curæ parrochialis. »* (ms.)

« In nomine et individue sancte Trinitatis *(sic)* Ansculfus, Dei gratia sancte Suessionis Ecclesie humilis
minister, Petro ejusdem pacientia ecclesie Sancti Leodegarii abbati, omnibusque successoribus ejus canonice substituendis in perpetuum. Officii nostri consideratione ammonemur ut Ecclesiam Dei talibus paranimphis custodiendam tradamus qui ipsam sine macula
sponso suo, videlicet Xristo, quandoque valeant presentare. Ea propter, fili Petre in Xristo karissime,
Ego Ansculfus, Dei gratia Suessionis episcopus, et Nivelo, archidiaconus, curam parrochialem ecclesie
Sancti Leodegarii in suburbio suessionice civitatis site
tibi omnibusque successoribus tuis per aliquem ejusdem ecclesie canonicum regularem et sacerdotem procurandam pro deliberatione nostra et remedio animarum nostrarum in perpetuum concedimus. Huic religiose concessioni interfuerunt Nivelo, archidiaconus ;
Willermus, decanus ; Johannes, archidiaconus ;
Guido, abbas Sancti Johannis in Vineis ; Radulfus,
abbas de Brana ; Johannes, presbyter ; Hugo, archidiaconus ; Bartholomeus, Hugo, Radulfus, subdiaconi;
Garnerus, decanus ; Galterus, capellanus. Ut autem
hec nostre institutionis formula robur inviolabile in

simpiternum obtineat sigillo nostro munivimus. Si qua
igitur ecclesiastica secularisve persona hanc nostram,
et Nivelonis archidiaconi concessionem temerario ausu
infringere, vel labefactare presumpserit, secundo,
terciove ammonita, nisi digna satisfactione peniteat,
a corpore et sanguine Xristi Redemptoris alienus fiat
et in extremo examine divine ultioni subjaceat. Actum est hoc anno Incarnationis Verbi M. C. LVIII.
episcopatus nostri sexto. »

X.

(Sans date.)

1154. — 1159 (1). — f° 45, v°.

*BULLE d'Adrien IV, accordant au Chapitre de Sois-
sons le droit d'interdit,* inconsulto episcopo, *avec
pouvoir d'y soumettre les autres églises.*

Adrianus episcopus, servus servorum Dei, dilectis
filiis Normanni decano et capitulo Suessionis salutem
et apostolicam benedictionem. Ex injuncto nobis a
Deo summi pontificatus officio, sollicitudini nostre in-
cumbit ecclesiarum utilitalibus intendere et earum li-
bertatibus providere ut ab injuriantium molestationibus
secure permaneant et nostro sibi gaudeant beneficio
fuisse provisum. Inde, si quid est quod nos nobis et
ecclesie vestre cupientes utiliter providere, consuetu-
dines et libertates quas in episcopatu Suessionis huc
usque dinoscimini habuisse, videlicet malefactores
vestros sive eorum terras interdicendi et absolvendi,
episcopo inconsulto, de nostro jure, nec non et eidem
ecclesie auctoritate apostolica confirmamus et presentis
scripti patrocinio communimus. Adjicientes ut si qua
ecclesia vestra pro injuria illata a divinis cessanti re-
lique ecclesie, secundumque vestra consuetudo dinos-

_____

(1) Norman occupa la dignité de doyen de Soissons de 1139 à 1352,
à la mort de Joslein de Vierzy, et Adrien IV monta sur le Saint-Siége
en 1154 et mourut en 1159.

citur habuisse, de mandato capituli vestri cessent. Decrevimus ergo ut nulli omnino hominum liceat hanc
paginem nostre confirmationis infringere vel ei aliquatenus contraire. Si quis autem hoc attemptare
presumpserit indignationem omnipotentis Dei et beatorum Petri et Pauli apostolorum ejus se noverit incursurum. Datum Lat. Kalendas junii.

XI.

(Sans date.)

1159. — 1175. — f° 45, v°.

BULLE d'Alexandre III, sur le droit d'interdit que s'attribuait, en certain cas, le Chapitre de Soissons, « inconsulto episcopo. »

Alexander episcopus, servus servorum Dei, Dilectis in Xristo filiis W. decano et capitulo Suessionis salutem et apostolicam benedictionem. Cum inter vos et venerabilem fratrem nostrum Hugonem episcopum vestrum (1) supra quadam consuetudine controversia jam pridem exorta fuisset, idem episcopus ad nostram audientiam appellavit. Consuetudo autem, unde questio vertebatur, talis erat, quod vos ecclesie vestre malefactores et eorum terras infra civitatem Suessionis vel extra constitutos, per totam dyocesim vestram, episcopo inconsulto, interdicto vel excommunicationis sententie subjicere poteratis, et datam inde sententiam sine auctoritate ipsius relaxare, et quod cathedrali ecclesia pro hujus modi causis cessante, dicte ecclesie Suessionis civitatis, preter monasterium Sancti Medardi, de mandato vestro, episcopo irrequisito, cessare debe-

---

(1) Guillaume (*Willelmus*) fut doyen de Soissons de 1158 jusque vers 1182. Alexandre III occupa le siège pontifical de 1159 à 1181, et Hugues de Champfleury celui de Soissons de 1159 au 4 septembre 1175.

bant. Una cum causa ipsa, sicut diiicimus, diximus
ad nos super hiis per appellationem fuisset delata, et a
nobis quibusdam personis ad cognoscendum fuisse
commissa, mediante karissimo in Xristo filio nostro
illustri Francorum rege (1) inter vos amicabiliter con-
venistis, sicut ex ejusdem regis litteris nobis est plenius intimatum. Accepimus enim ex scriptis ejus,
quod prefatus episcopus prescriptam consuetudinem
juxta petitionem vestram, liberam prorsus dimisit; ita
quod, ut superius dictum est, liceat vobis malefactores
vestros qui de Suessionis episcopatu fuerint, sive in
civitate, sive extra existant, nec non et eorum terras
per eundem episcopatum, episcopo inconsulto, interdicto subjicere et sententiam interdicti sine ipsius auctoritate nichilominus relaxare. Cum autem cathedra-
lem ecclesiam, occasione hujusmodi, vacare contigerit,
omnes ecclesie per totam civitatem vestram, preter
monasterium Sancti Medardi, de mandato vestro,
absque auctoritate episcopali, cessabunt. Nos siquidem
hiis que supra dicta sunt hec adjicienda decrevimus,
ut cum in aliquem malefactorem vestrum vel ejus terram, vestram sentenciam ecclesiasticam, juxta jamdic-
tam consuetudinem vestram, duxeritis promulgandam,
et ipsius ad satisfaciendum si malefactorem publicum
et notorium fuerit, vel ad controversiam secundum
quod justicia dictaverit terminandam, si de malefacto
non constet, legitime citetis, et deinde si vobis in hiis
non adquieverit, sententiam in eum sicut consuevistis
poteritis promulgare; ita quidem quod non liceat episcopo vestro, archidiacono sive decano, in relaxationem
sententie quicquam ab hiis qui absoluti fuerint nomine
banni recipere, aut pecuniariam penam propter hoc,
nisi forte pro ablatis aut pro restitutione dampnorum

(1) Louis le Jeune.

infringere. Ut autem pretaxata consuetudo futuris
temporibus inviolabiliter observetur, nos eam, secundum confirmationem bone memorie Adriani pape, predecessoris nostri, quam nobis ex inde fecit, necnon et
secundum compositionem a prenominato rege super
hoc factam, vobis et per vos ecclesie vestre auctoritate
apostolica confirmamus, et presentis scripti pagina
communivimus; statuentes, ut nulli omnino hominum
liceat hanc paginam nostre confirmationis infringere.
Si quis autem hoc attemptare presumperit indignationem omnipotentis Dei et beatorum Petri et Pauli
apostolorum ejus se noverit incursurum. Datum Verat
secundo martii.

XII.

(Sans date.

« *Post* 1160. » *(ms.)* — f° 1.

BULLE d'Alexandre III pour la confirmation des biens et priviléges de Saint-Léger.

ALEXANDER episcopus, servus servorum Dei(1) dilectis filiis Roberto abbati Sancti Leodegarii Suessionis, ejusque fratribus tam presentibus quam futuris, regulare una professis, in perpetuum. Quociens illud a nobis petitur quod religioni et honestati convenire dinoscitur, animo nos decet libenti condere, et petentium desideriis congruum suffragium impertiri. Ea propter, dilecti in Domino filii, vestris justis postulationibus clementer annuimus, et prefatum monasterium, in quo divino estis obsequio mancipati, sub beati Petri et nostra protectione suscipimus et presentis scripti privilegio communimus ; in primis siquidem statuentes, ut ordo regularis qui, secundum Deum et beati Augustini regulam, in eodem loco institutus esse denoscitur, perpetuis ibidem temporibus inviolabiliter observetur. Preterea, quascumque possessiones, quecunque bona idem monasterium in presentiarum juste et canonice possidet,

(1) En remarque à la page du f° 1ᵉʳ d'une écriture récente : « Alexandre III « qui sedebat anno Domini 1160. »
Elle a été donnée après la mort de Joslein de Vierzy, évêque de Soissons, qui y est nommé avec la qualification de *vir bone memorie*.

aut in futurum concessione pontificum, largitione
regum vel principum, oblatione fidelium, seu aliis
justis modis, prestante Domino, adipisci poterit, firma
nobis vestrisque successoribus illibata permaneant.
Confirmamus etiam locum ipsum in quo prefatum
monasterium constructum est ut non vaccet nisi Matre
Ecclesia (1) et aliis in civitate vaccantibus (2) ; ut
altaria vestra a fratribus vestris in conventu viventibus
cum oportunum fuerit procurentur ; ut quod de terris,
vinaticis, et censibus ecclesiarum, vel hominum laico-
rum diu in pace tenuistis, aut in futurum juste poteritis adquirere, nulla violentia vendere compellamini ;
ut in ordinatione abbatum vestrorum aurum vel argen-
tum, equum vel alia munera, pro gratia benedictionis,
nullus audeat expetere, nullus donare ; in capella
sancti Nicholai in domo Falconis filii Manasseri, sicut
satuit bone memorie Dominus Goslenus episcopus,
nisi per assensum abbatis Sancti Leodegarii sacerdos
non constituatur. Sacerdos autem ille in eadem constitutus capella, in sexta feria ante Pascha, in die
Pasche, in Ascensione, in Pentecosten, in Omnium
sanctorum Festivitate, in Die animarum, in Nativitate
Domini, in Purificatione, non cantet ; nec feminam re-
conciliandam (3) ad missam suscipiat. Si autem prefata capella vetustate vel incuria vatata (vastata)
fuerit, beneficium sacerdoti deputatum canonicis
regularibus et ecclesie sancti Leodegarii reddatur. Hec
etiam de redditibus nostris (vestris) confirmamus ;
curtem Cavegni cum appendiciis suis ; altare Montis
Gumberti, et decimam, et quindecim assinos frumenti
in Valle serena ; modium frumenti ad Loistram ; mo-

(1) La cathédrale.
(2) Il s'agit ici de la cessation de l'office en cas d'interdit dont il est
question dans les bulles précédentes.
(3) Cérémonies des relevailles des femmes après leurs couches ?

dium frumenti ad Parreci ; curtem d'Espagni (1) et in
territorio ejusdem ville medietatem terragii, dimidium
molendinum, et dimidium vivarium, et quicquid ibi
habetis in monte et in valle ; in foro Suessionis decimam sexteragii annone et nummorum ; officia corduanorum et parmentariorum ; duos modios salis ex teloneo
comitis de primis redditibus ; duas partes magne
decime de Crameliis ; nonum assinum decime de Bu-
gneolis ; decima annone et vini ad Buci et furnum in
atrio ; decima annone et vini de Sancto Martino ; vineam de Rupe ; vineam de Thesauro ; Longam vineam ;
clausum et vineam aliam ad Sanctum Petrum (2) et ceteras vineas vestras. In parrochialibus autem ecclesiis
quas tenetis liceat vobis clericos eligere et episcopo,
presentare quibus, si ydonei fueriut, episcopus curam
animarum comittat, qui de plebis quidem cura episcopo,
vobis autem de temporalibus, debeant respondere.
Sepulturam quoque ipsius loci liberam esse concedimus
ut eorum devocioni et extreme volontati qui se illic
sepelire deliberaverint, nisi forte excommunicati vel
interdicti sint, nullus obsistat, salva tamen justicia
earum ecclesiarum a quibus mortuorum corpora assu-
muntur. Liceat etiam clericos vel laicos et seclo fu-
fugientes liberos et absolutos ad conversionem recipere, et in vestro monasterio, sine contradictione
aliqua, retinere. Prohibemus insuper ut nulli fratrum
vestrorum post factam in monasterio absque licentia
abbatis sui, nisi obtentu artiorie religionis discedere ;
discedentem vero, sine communium litterarum vestrarum captione, nullus audeat retinere. Preterea, libertates, immunitates et antiquas et rationabiles consue-
tudines monasterii vestri integras et illibatas presenti

(1) La ferme de Saint-Léger à Epagny.
(2) Il doit s'agir ici de Saint-Pierre à la Chaux (*Sanctus Petrus de
Calce*), située dans le faubourg où il y avait alors des vignes.

decreto manere sancimus. Obeunte vero te, nunc ejusdem loci abbate, vel tuorum quodlibet successorum,
nullus ibi qualibet subreptionis astutia, seu violentia,
preponatur, nisi quem fratres communi consensu, vel
fratrum pars consilii sanioris, secundum dominum et
beati Augustini regulam, providerint eligendum. Decernimus ergo, ut nulli omnino hominum liceat prefatum monasterium temere perturbare, aut ejus possessiones auferre, vel ablatas retinere, seu quibus libet
molestiis fatigare, sed omnia integra et illibata serve-
tur eorum, pro quorum gubernatione, ac sustentatione
concessa sunt, usibus omnimodis profutura, salva sedis
apostolice auctorite et dyocesani episcopi canonica
justicia. Si qua igitur in futurum ecclesiastica, secularis ve persona, hanc nostre constitutionis paginam
sciens *(contra)* eam temere venire temptaverit, secundo, terciove commonita, nisi reatum suum digna
satisfactione correxerit, potestatis, honoris que sui dignitate careat, reamque se divino judicio existere de
perpetrata iniquitate cognoscat, et a sacratissimo corpore et sanguine Dei et domini nostri redemptoris
Jhesu Xristi aliena fiat, atque in extremo examine
districte ultioni subjaceat. Cunctis autem eodem loco
sua jura servantibus sit pax domini nostri Jhesu
Xristi, quatinus et hic fructum bone actionis percipiant, et apud districtum judicem premia eterne pacis
inveniaut. Amen. Amen. Amen.

XI.

(Sans date.)

Avant 1255. — fº 3, vº.

BULLE d'Alexandre III (ou IV), pour la confirmation
des biens de Saint-Léger.

Alexander episcopus, servus servorum Dei (1) dilectis filiis Roberto, abbati ecclesie Beati Leodegarii Suessionis, ejus que fratribus tam presentibus quam futuris
regularem vitam professis, in perpetuum. Quociens
illud à nobis petitur, quod religioni et honestati convenire disnoscitur, animo nos decet libenti concedere, et
petentium desideriis congruum suffragium impertiri.
Ea propter, dilecti in domino filii, vestris justis postulationibus clementer annuimus, et prefatam ecclesiam,
in qua divino estis obsequio mancipati, sub beati Petri
et nostra protectione suscipimus et presentis scripti
privilegio communimus. In primis si quidem statuentes, ut ordo canonicus qui secundum Deum et beati
Augustini regulam in eadem ecclesia institutus esse
dinoscitur, perpetuis temporibus inviolabiliter observetur. Preterea, quascunque possessiones, quecunque
bona ecclesia vestra in presentiarum juste et canonice

(1) En remarque au fº 3, vº, d'une écriture récente : « Alexander III
idem qui supra, vel IV qui sedebat, anno Domini 1255. »
Nous reppelons ici qu'Alexandre III siégea de 1159 à 1181. Quant a
Alexandre IV, il siégea de 1255 à 1261. Le catalogue des abbés donne
Robert Iᵉʳ en 1164, et Robert II en 1174. Il faudrait donc attribuer
cette bulle à Alexandre III.

possidet, aut in futurum, concessione pontificum, largitione regum, vel principum, oblatione fidelium, seu aliis justis modis, prestante Domino, poterit adipisci, firma vobis vestris que successoribus et illibata pernaneant, in quibus bec propriis duximus exprimenda vocabulis : locum ipsum in quo prefata ecclesia constructa est cum omnibus pertinentiis suis ; duos modios salis de primis redditibus ; decimas sexteragii in foro, et quadraginta solidos ; Cavegni cum appendiciis suis ; quicquid habetis ad Espagni in monte et in valle ; hoc quod de terris vinaticis et censibus ecclesiarum, vel etiam laïcarum personarum, longis retro temporibus et nunc in pace tenetis ; duas partes magne decime de Crameliis ; duas partes magne decime de Buci annone et vini, et altaria Vallis Buini et Montis Gumberti ; officia corduanorum et parmentariorum, et navium fasciculos ; vinearum vestrarum census et vinatica ; vinea de Rocca ; Longam vineam ; Thesaurum ; clausum prope ecclesiam Sancti Martini et ceteras vineas quas in pace possidetis ; duos modios vini et octo sextarios quos habetis in barba rasa ; capellam sancti Nicholai que est in domo Fulconis Manasseri. *(filius)* ; duos modios vini quos habetis ad Buci ex elemosina comitis ; duas partes panum ecclesie Valbuini in Nativitate Domini reddendorum. Ad hæc auctoritate apostolica prohibemus ne pro benedictione vel intronizatione abbatis vestrî aliquis à vobis quicquam exigere vel extorquere presumat, quia, sicut libera et gratuita debet esse abbatis electio, ita ejus benedictio et intronizatio. Liceat quoque vobis clericos vel laïcos e seculo fugientes liberos et absolutos ad conversionem recipere, et in vestra ecclesia absque contradictione aliqua retinere. Prohibemus insuper ut nulli fratrum vestrorum post factam in ecclesia vestra professsionem fas sit de eodem loco,

absque liicentia abbatis sui, nisi obtentu artioris religionis , discedere ; discedentem vero sine communium
litterarum vestrarum cautione nullus audeat retinere.
Sane, novalium vestrorum, que propriis manibus aut
snmptibus colitis, sive de nutrimentis vestrorum animalium, nullus omnino a vobis decimas presumat
exigere. In parrochialibus autem ecclesiis quas tenetis, liceat vobis clericos eligere et dyocesano episcopo
presentare ; quibus, si ydonei fuerint, episcopus
curam animarum committat , ut ei de spiritualibus,
vobis vero de temporalibus, debeant respondere. Cum
autem generale interdictum terre fuerit, liceat vobis
clausis januis, non pulsatis tintinnabulis, exclusis
interdictis et excommunicatis, suppressa voce officia ce-
lebrare. Obeunte vero te, nunc ejusdem loci abbate, vel
tuorum quolibet successorum, nullus ibi subreptionis
astutia, seu violentia, preponatur, nisi quem fratres communi assensu, vel fratrum pars consilii sanioris, secundum Dei timorem et beati Augustini regulam, previde-
rint eligendum. Decernimus ergo, ut nulli hominum
omnino liceat predictam ecclesiam temere perturbare,
aut ejus possessiones auferre, vel ablatas retinere, minuere, seu quibuslibet vexationibus fatigare ; sed omnia
integra et illibata serventur eorum pro quorum gubernatione ac sustentatione concessa sunt, usibus omnimodis profutura, salva sedis apostolice auctoritate,
et dyocesani episcopi canonica justicia. Si qua igitur
in futurum ecclesiastica , secularis ve persona, hanc
nostre constitutionis paginam sciens contra eam
temere venire temptaverit, secundo, tercio ve commonita, nisi reatum suum digna satisfactione correxerit,
potestatis, honoris que sui dignitate careat, ream que
se divino judicio existere de perpetrata iniquitate
cognoscat, et a sacratissimo corpore ac sanguine Dei
et Domini Redemptoris nostri Jhesu Xristi aliena fiat,

atque, in extremo examine, districte ultioni subjaceat.
Cunctis autem eidem loco sua jura servantibus, sit
pax Domini nostri Jhesu Xristi, quatinus et hic fructum bone actionis percipiant, et apud districtum
judicem premia eterne pacis inveniant. Amen. Amen.
Amen.

XIII.

1141 à 1178. — fo 40, vo.

CHARTE d'Iter de Chauny, sur la construction de la ferme de Saint-Léger à Epagny, faite par les religieux, d'après le conseil d'Ives de Nesles, comte de Soissons.

Ego Iterus, notum fieri volo tam presentibus quam futuris, quod fratres Sancti Leodegarii in terra inhabitabili et inculta super criptas michi et eis communi edificaverunt sibi mansionem. Hoc autem fecerunt meo assensu, et consilio Yvonis, comitis Suessionis, et eorum quorum nomina subscripta sunt. Tunc etiam temporis ego et illi alnetum de Burnel commune possidebamus, cujus partem meam ad eradicandum ad velle suum faciendum eis concessi. Ipsi vero pro libertate viarum per terram meam ad curiam, ad alnetum et ad fontem tendentium, et ut terram inconcusse et absque calumpnia mei et successorum meorum tenerent, X libras michi tunc dederunt et pro prato facto in Alneto II solidos de censu michi et meis heredibus annuatim persolvunt. Conventio ista facta est coram communi ecclesia de Espagni ut majorem habeat confirmationem. Et ut factum istud ratum et inconcussum teneatur, sigilli Yvonis comitis impressione et testium subscriptione confirmavi. Sunt autem testes, Yvo comes ; Radulfus Revellus ; Warmundus et Girardus

(1) Cette charte sans date étant scellée du sceau d'Yve-, comte de Soissons, doit se placer entre 1141 et 1178.

de castello ; Paganus, prepositus ; Robertus Burgundio ;
Diedus de Vallebuino, Ingelranus Matifardus ; Petrus,
miles de Espagni ; Robertus, maïor ; Aszo maïor, Hugo
Rufus ; Leodegarius ; Paganus pes agni et tota parrochia.

XIV.

(Sans date.)

Vers 1160. — f° 38, v°.

CHARTE d'Yves de Nesles, comte de Soissons, concernant la menue dîme de la ferme de Saint-Léger, à Epagny.

In nomine Patris et Filii et Spiritus Sancti, amen. Ego Yvo, comes Suessionis, notum fieri volo tam presentibus quam futuris, quod Thomas, ex predecessione parentum suorum, de feodo meo quem tenet apud Spanni, homo meus, concessit ecclesie Sancti Leodegarii quod concesserat prius Hecia, avia ejus, et Petrus pater ejus, omnem scilicet minutam deciman curtis in monte site de animalium nutrimentis et de omnibus infra ambitum curtis excultis (1). Concessit etiam, me volente et concedente, se nemini posse elemosinam facere, aut vendere, aut in vadimonium dare de illo feodo meo nisi ecclesie supradicte. Ego Yvo, comes Suessionis, testis sum hujus concessionis, et Ebroïnus capellanus, et Radulfus castellanus (2), et Radulfus Dens, et Girardus Sacarinus et alii plures.

(1) La ferme de Saint-Léger, située sur la montagne d'Epagny.
(2) Châtelain du château des comtes de Soissons.

XV.

(Sans date.)

Vers 1160. — f° 56, v°.

CHARTE d'Yves, comte de Soissons, contenant un arrangement pour une dîme à Epagny, entre Saint-Léger et les chevaliers Thomas et Pierre d'Epagny.

Yvo, suessionensis comes, tam futuris quam presentibus in perpetuum. Nostrum est sic subjectorum paci providere ut quod justicie attinet omni vigilantia studeamus conservare. Ut hec ergo inviolata servemus, querelas pro decima factas inter ecclesiam Beati Leodegarii et milites Thomam et Petrum, servato utriusque partis jure, plurimorum consilio et attestatione censuimus mitigandas. Prefata enim ecclesia terram suam in monte Espaigni ex nostra elemosina, et milites decimam ex nostro feodo tenent. Ut igitur inter eos firma pax teneatur et supra hac re nulla controversia deinceps oriatur, audita ville ipius consuetudine, et agricolarum diligenter inquisita veritate, predictis presentibus militibus et multis aliis coram me astantibus, communi consilio decrevimus ut, exceptis terragio et secatura, de reliquo novem numerentur, et decimam garbam milites sine contentione pro decima suscipiant in illis locis in quibus conversi (1) decimam

(1) Les frères convers qui demeuraient dans la ferme de Saint-Léger. ayant à leur tête un *maître* (*magister curiæ*).

militibus more donare solebant. Abbatis autem cure
erit magistro curie precipere ut eis sine dolo sua
reddat et decretum istud, pro posse suo, inviolatum
conservet. Ut autem hoc aliqua fraude vel malicia
negari non valeat, aut temporum prolixtate oblivionis
sompno depereat, presens cyrographum sigilli mei
auctoritate et sub scriptorum testimonio volui confirmare. Prefate etiam ecclesie sigillum idcirco apponi-
tur, ut omnis occasio refragationis amputetur. Hujus
compositionis actor et testis ego sum. Testes et ceteri
dominus Joannes Loca ; Radulfus, castellanus ;
Symon, buticularius de Perona ; Joisbertus, maïor
d'Espaigni ; Raynoldus Thoollard ; Paganus , filius
Godeberti ; Ascerus frater ejus ; Gervasius pes agni ,
Girardus Sacarinus.

XVI.

1160. — f° 31,

*CHARTE d'Yves de Nesle, comte de Soissons, « pour
la dixmes de Espaigni et du débat... » (ms.) élevé
à leur sujet entre Saint-Léger et les deux chevaliers
Pierre d'Epagny.*

Ego Yvo, comes Suessionis, notum fieri voto tam
presentibus quam futuris, quod inter fratres ecclesie
Sancti Leodegarii et duos milites homines meos,
Petrum videlicet d'Espaniaco et Petrum generum ejus,
cujusdam querimonie disceptatio longa extiterit.
Siquidem, milites prefati habentes decimam in monte
Spaniaco, que eis competebat ex feodo meo, ab
eisdem fratibus quorumdam camporum decimam
exigebant quam idem fratres, quia terre prius inculte
fuerant et eas propriis sumptibus excoluerant, dare
nolebant ; romana nimirum privilegia pretendentes
quibus illam se habere dicebant. Hanc igitur ego
tociens controversiam audiens et omnino dirimere
volens, abbati et fratribus persuasi ut aliquam super
hoc compositionem cum militibus facerent, quod et
fecerunt. Est autem compositio talis : agri illius qui
confinis est nemori quem dividit etiam vicus de Trosli
usque ad decimam Sancti Gervasii (1) et alterius
campi ubi plantata est vinea que Longa pena dicitur,

(1) Saint-Gervais de Soissons (la cathédrale).

omnem decimam ecclesia possidebit; milites vero decimabunt in agris ceteris tunc excultis. Ut ergo hec compositio maneat inviolabilis communire curavi sigillo et litteris meis. Hujus rei testes sunt: Garnerus, decanus; Ebroïnus et Theobaldus, canonici; Radulfus, castellaneus de Nigella; Paganus, prepositus ; Robertus, maïor d'Espagni. Actum est hoc anno ab Incarnatione Domini M. C. LX.

XVII.

1161. — fº 18, vº.

CHARTE d'Yves, comte de Soissons, « por le molin d'Espaigny. » (ms.)

« In nomine sancte et individue Trinitatis. Ego Ivo, comes suessionensium, (1) rogatus a fratribus ecclesie sancti Leodegarii Suessionis qui specialiter mee sunt protectionis , ut pote quorum ecclesia ex prodecessorum meorum comitum suessorum munificentia et mea fundata subsistit , justum arbitrans eorum votis annuere, volo que postulant tam presentibus quam futuris per litteras intimare. Hii ergo, ex largitione predecessoris mei comitis Rainaldi, favente gratia assensus nostri , habentes semimolendinum apud villam vocabulo Espagni , medietatem alteram a domino Itero , calniacenci castellano, concedentibus filiabus suis et Hugone genere suo et ceteris heredibus, pro censu annuo , id est sex modiis et dimidio annone, possidendam in perpetuum susceperunt. De censu vero reddendo talis est pactio. Itaque, de frugibus tam fratrum quam aliorum ibi molentium penes ipsum

---

(1) En marge : « Filius Reginaldi pater Radulphi. » Yves de Nesles n'était pas fils de Renand le Lépreux, comte de Soissons, mais son cousin, qu'il fit son héritier. Yves eut pour héritier, à son tour, Conon, fils de Raoul II de Nesles, châtelain de Bruges, son frère. Conon mourut, vers 1181, sans enfants d'Agathe de Pierefonds, sa femme, et Raoul III de Nesle hérita du comté de Soissons en sa qualité de second fils de Raoul II, châtelain de Bruges. Ainsi ce dernier n'était pas fils de Renaud.

molendinum collecta fiet in unum tribus terminis
solvenda per annum ; in sollempnitate Omnium Sanctorum duo modii cum dimidio ; in Natale Domini
duo ; in Pascha etiam solventur duo ; bannum nichilominus ad molendinum, ut solet antiquitus, ejusdem ville hominibus inviolabiliter custodientibus. Si
autem guerra ingruens in finibus illis, molentes inde
amoverit, juxta supputationem temporis supputata
lucri jactura, minuetur de census summa. Terram
quoque molendino eidem adjacentem, quam ipse
Iterus concessit prefate ecclesie, deincenps liberam
possidebit. Ad hanc ergo compositionem inviolabili
robore muniendam, sigilli mei impressione cum cyrographo constat eam esse signatam. Hujus rei testes
sunt : Radulfus, abbas de Brana ; Balduinus, prior
Sancti Leodegarii ; Robertus, prepositus ; Ebroïnus, capellanus ; Gauterus de Porta ; Wido, scriba ; Ger-
vinus, conversus ; Radulfus, castellanus Nigelle ;
Guido de Guni et Gaufridus frater ejus ; Symon de
Coci ; Matheus, nepos Iteri ; Paganus, prepositus, et
Robertus frater ejus ; Robertus, major d'Espagni,
cum filiis suis ; Aszso, maior ; Engelmundus, Petrus,
Gobertus. Actum est hoc anno Incarnationis Domini
M. C. LXI. regnante Ludovico rege, Hugone, cancel-
lario regis, episcopante in suessionica urbe. »

XVIII.

(Sans date.)

Vers 1161. — f° 25, v°.

CHARTE d'Yves de Nesle, comte de Soissons, et de Conon de Pierrefonds, son héritier, concernant les hotes du comte et de Simon d'Epagny, en ce village.

In nomine sancte et individue Trinitatis. Notum sit tam presentibus quam successuris, quod inter Ivonem, comitem Suessionis, et Symonem d'Espagniaco pro pacis observatione talis facta est conventio , ut neuter in terra sua hospites alterius pro re que accidat recipiat. Hoc autem factum est assensu domini Cononis , nepotis et coheredis Ivonis comitis, domino Radulfo de Cociaco hoc idem concedente , a quo Symon prefatus tenet terram d'Espagniaco. Pro hac conditione tenenda concessit dominus Symon fratibus Sancti Leodegarii ut, salvo jure suo, libere et absolute teneant quicquid in tempore Iteri , avi sui, utriusque terre domini d'Espagni et de Aponi possederunt. Et ut hoc ratum et inconcussum teneatur sigillorum Ivonis comitis et Cononis heredis sui et domini Radulfi de Cochi impressione et subscriptorum testimonio confirmatur. Hujus conventionis testes sunt Ivo, comes ; dominus Cono ; Radulfus, castellanus ; Johannes de Roia ; Robertus de Causiaco ; Radulfus, frater domini Cononis ; Rainaldus de Trachy ; Johannes de Rumin , al-

bertus gigas ; Odo de Bonnueil , abbas Novigenti ;
Ivo de Cociacho ; Rainaldus, frater ejus ; Guido de
Guni ; Petrus Sancti Medardi ; Symon de Cociacho ;
Radulfus de Hursel ; Radulfus del Sart ; Radulfus de
Dueillet ; Philippus Cosset.

XIX.

(Sans date.)

Vers 1161. — f° 75, v°.

CHARTE d'Yves, comte de Soissons, contenant la vente à Saint-Léger d'une terre à Epagny.

Ego Yvo, comes suessionensis, universis presentem paginam inspecturis, notum facimus quod Petrus, dictus Hans de cuez, de Guigni, et domicella Emelina, ejus uxor, vendiderunt unanimiter et se legitime vendidisse recognoverunt ecclesie' Sancti Leodegari Suessionis, ad opus conventus, quamdam peciam terre arabilis sex modios vel circiter continentem, quam dicebant se habere liberam ab omni redditu et consuetudine quacunque, et etiam a decima liberam, in monte de Espaniaco, contiguam terre ejusdem domus et terre Petri Maquerel, pro precio videlicet septuaginta et sex librarum parisiensium, de quibus ipsi Petrus et uxor recognoverunt coram nobis sibi esse ad dictam plenarie satisfactum in pecunia numerata sibi traditta et soluta, quitantes et relinquentes sponte sua eidem ecclesie penitus et in perpetuum. Hujus venditionis testis ego fui et ceteri : dominus Johannes Loca ; Radulfus, castellanus ; Simon, buticularius de Peronna ; Johannes, maïor d'Espaini ; Paganus, filius Goberti ; Anterus, frater ejus. (1)

(1) Cette charte, qui se trouve à la fin du cartulaire, est d'une écriture fort mauvaise.

XX.

1161 — f° 35, v°.

CHARTE de Marsilie, abbesse de Notre-Dame de Soissons, sur un arrangement entre ce monastère et celui de Saint-Léger, pour une terre à Chavigny.

In nomine sancte et individue Trinitatis. Amen. Ad rerum labentium memoriam conservandam, utiliter quedam que necessariora videntur, ne oblivione depereant, retinenda per litteras consignantur. Unde et Ego Marsilia, abbatissa ecclesie Beate Dei genitricis Marie Suessionis et capitulum nostrum, notum fieri volumus tam presentibus quam futuris, quod ecclesia nostra totam terram, quam infra metas terrarum Beati Leodegarii apud Chaveignia cum habebat antiquitus, ejusdem ecclesie fratribus imperpetuum excolendam, concessit pro semimodio videlicet frumenti de grangia de Chaveigniaci nostris vehiculis evehendi. Ut autem hec conditio inviolabili robore vigeat, capitales suos de Corci, id est Ascelinum et Ingelbertum et alium Ingelbertum, et feminas Bertam, Helvidem, Sulpiciam et earum fructus concesserunt. Nos vero, et ipsi, communi assensu capituli nostri, hoc pactum mutuis litteris ac sigillis nostris munire curavimus, volentes ut singuli singula apud se scripta reposita habeant ne aliqua post modum subreptio hinc inde proveniat. Hujus rei testes sunt, ex parte nostra, Ego Marsilia abbatissa ; Godefridus, decanus ; Reinoldus, sacerdos ;

Ebroinus, sacerdos (1) ; Gundreda, priorissa ; Hildcardis, precentrix ; Poncelina, Elisabeth de Dumo, Margarita de Lauduno, Margareta de Firmitate (2) ; Yvo, prepositus (3) ; Adam frater ejus ; Bosardus Cassill. Ex altera parte Petrus, abbas ; Balduinus, prior ; Robertus, prepositus ; Willermus, capellanus ; Ricoardus, sacerdos : Rogerus, sacerdos ; Wido, diaconus ; Wido, scriba ; Ascelinus, conversus. Actum est hoc anno ab Incarnationis Domini M. C. LX. primo, regnante Ludovico rege filio Ludovici, episcopante in Suessionica urbe domino Hugone cancellario regis.

---

(1) Ces noms sont ceux des chanoines de la collégiale de Saint-Pierre au Parvis, chargés du desservice de l'abbaye de Notre-Dame de Soissons.

(2) Religieuses de l'abbaye de Notre-Dame.

(3) Cet Yves était le prévôt de l'abbaye de Notre-Dame pour le temporel.

XXI.

Vers 1161. — f° 38, v°.

CHARTE de Marsilie, abbesse de Notre-Dame de Soissons, concédant à Saint-Léger la vigne du Trésor à Vignolles.

Noverint omnes tam futuri quam presentes, quod ecclesia Sancti Leodegarii vineam quamdam ad jus thesaurarii Sancti Petri pertinentem ad Vineolas juste emit. Hanc emptionem ego Marsilia, Dei gratia Sancte Marie Suessionis abbatissa, laudavi assensu thesaurarii et benevolentia canonicorum Sancti Petri predictam vineam prefate ecclesie Sancti Leodegarii, salvo jure thesaurarii, imperpetuum sine querela tenendam concessi. Et ne hoc oblivione deleri vel fraude valeat perturbari presens indiculum sigillo meo et subscriptorum testimonio confirmare curavi. Ego ipsa hujus rei testis sum. Gundreda priorissa; Juliana, thesauraria ; Margareta de Firmitate ; Ebroinus decanus ; Johannes thesaurarius ; Radulfus prepositus, Lambertus sacerdos, Walterus, sacerdos ; Odo de Buci ; Gaufridus, argenteus et alii plures (1).

(1) Noms de religieuses de Notre-Dame et de chanoines de Saint-Pierre an Parvis, comme en la charte précédente

XXII.

:Sans date.)

Avant 1161. — f° 44, v°.

CHARTE d'Anscher, prieur de Coincy, pour la vente d'une pièce de vigne à Saint-Léger par Ganther, prieur de Saint-Pierre à la Chaux (1).

Ego Anscherius, prior ecclesie Consiacensis (2) Notum fieri volumus tam futuris quam presentibus , quod frater noster Gunterus, prior scilicet ecclesie Beati Petri de Calce (3) ; meo et capituli mei assensu , vineam que dicitur de Bordein Petro, abbati Sancti Leodegarii, vendidit pro decem et septem libris. Et ut hoc ratum maneat et inconvulsum sigilli nostri munimine roborare curavimus. Hujus autem rei testes sunt : Gerardus, prepositus ; Petrus , supprior et predictus Gunterus ; Rainaldus et Leodegarius. De burgensibus vero testes sunt hii ; Johannes, filius Gertrudis ; Arnulfus de Domiers ; Petrus, maïor de Consiaco ; Garnerus, coquus.

(1) L'année 1161 clot à peu près l'abbatiat de Pierre à Saint-Léger, lequel est nommé dans cette charte , ce qui oblige à la rapporter à cette date au plus tard.
(2) L'abbaye de Coincy, ordre de Cluny, avait été fondée en 1072, par Thibauld Ier, comte de Champagne, et par Nivelon Ier, évêque de Soissons, à la place d'une collégiale de chanoines séculiers.
(3) L'église de Saint-Pierre à la Chaux, de Soissons, avait été donnée à Coincy par l'évêque Manassès, qui siégea de 1103 à 1108. Son titulaire avait hérité du titre de cardinal attaché à cette église. Ancoul de Pierrefonds l'érigea en prieuré en 1158, mais il confia le ministère pastoral de la paroisse à l'abbé de Saint-Léger, qui devait le faire exercer par un de ses religieux.

XXIII.

1162. — f° 30.

CHARTE d'Alexandre, abbé de Longpont, sur « les droits que nous avons à Montgobert, » (ms.) notamment aux lieuxdits Dementart et le Canoy, et sur un chemin près de Chavigny.

In nomine sancte et individue Trinitatis. Vere caritatis et sancte religionis est fratres fratribus sibi invicem subvenire, nec solum de spiritualibus, sed etiam de temporalibus alterutrum consolari. Noverint igitur presentes et futuri quod ego A.... abbas dictus Longipontis (1), consensu capituli nostri, pro bono pacis conservando et fraterna caritate confovenda, concessi ecclesie Sancti Leodegarii Suessionis altare et decimas, terragia, census, et hospites, et quicquid habebamus apud Montem Gunberti, preter nemus nostrum de Dementart et preter terras quas in nostro dominio possidemus. Sciendum autem quod in omni territorio Montis Gunberti nichil possumus emere, nisi prefata ecclesia concedente; sed si quis, absque terreni commodi expectatione, in elemosinam aliquid conferre voluerit, licebit nobis accipere, salva tamen decima prefate ecclesie, nisi aliqua nobis elemosina fuerit collata in nemore. Notum sit etiam omnibus quod pro commutatione predicte concessionis, ecclesia Sancti Leodegarii absolutas et liberas nobis dimittit decimas quas in territorio dominii nostri solebat accipere. Insu-

(1) Alexandre, abbé de Longpont, de 1161 à 1168.

per et silvam et terram arabilem terre nostre contiguam
apud Dementart liberam a terragio et decima nobis
concessit. In Caisneto autem elemosinam illam quam
Evrardus, filius domine Agnetis, ecclesie prefate con-
tulerat nobis et ipsa ecclesia contulit. Sed inter nos
statutum est et firmatum quod in eodem Caisneto nichil
eis emere, nichil exartare liceat absque nostra concessione. Quod si Evrardus aut heres ejus aliquid de terragio suo in elemosinam, absque ulla spe remunerationis terrene, eis conferre voluerit, licenter accipient.
Preterea, viam ante Cavigniacum prope curtem per
veterem callem et non aliam ad eundum et equitandum
cum quadrigis et vehiculis nostris nobis concesserunt.
Armentis vero et pecoribus nostris postquam terra
seminata fuerit per eamdem viam absque eorum concessione, transire non licebit, bonnis per terras eorum
sicuti modo sunt in perpetuum permanentibus. Terram
autem quam ante hanc compositionem in Caisneto
exartaverunt liberam eis dimittimus, quatinus omnis
querela inter nos et ipsos de cetero sopiatur et in vis-
ceribus Jhesu Xristi per fraternam dilectionem in perpetuum confirmemur. Ut ergo concessionis hujus pactio
rata et omni tempore illibata permaneat sigilli nostri
eam impressione signamus et presenti cyrographo
confirmamus. Actum est hoc anno ab Incarnatione
Domini M. C. LX. II. Indictione decima. Hujus rei
testes sunt Balduimus, Noviomensis episcopus; Milo,
Morinensis episcopus; Lambertus, abbas de Aroasia;
Rogerus, abbas Sancti Crispini de Cavea; Evrardus,
prior Longipontis; Boso, Hugo, Martinus, Adam, monachi; Balduinus, prior Sancti Leodegarii; Ricoardus,
Robertus, Godefridus, Willermus, Wido canonici. De
laicis Evrardus de Muret; Ansellus miles ejus; Odo de
Chaldun; Theobaldus de Monte Gunberti et Johannes
frater ejus; Gerardus carpentarius.

XXIV.

1163. — f° 42.

CHARTE de Raoul, comte de Vermandois, accordant à Saint-Léger le droit de prendre une voiture de bois chaque jour dans sa forêt (de Retz).

In nomine sancte et individue Trinitatis. Sciant omnes et presentes et futuri quoniam ego Radulfus, legitima progenitorum meorum successione viromandorum comes (1), donavi fratribus sancti Leodegarii Suessionis, divino obsequio mancipatis, de lignis omnibus in foresta mea, singulis diebus, unius quadrige vectionem, et concessi, ob remedium anime patris mei et matris mee, pro remissione etiam peccatorum meorum, ut ipsi im perpetuum et sine calumpnia habeant. Precipio etiam ne quis servientum meorum super hoc ecclesie molestus existat, sed ex precepto meo volo ut ab eis ecclssia consilium et auxilium habeat. Ne autem istud beneficium meum oblivione deleatur, sigilli mei impressione, testium que subscriptorum attestatione confirmari feci. Signum comitis Ivonis. S. Albrici de Roia. S. Radulfi, castellani Nigelle. S. Galfridi de Feria. S. Rogonis de Faiel. S. Rocellini capellani. S. Rogeri de Montdisderio. S. Roberti Scantionis. S. Theoboldi fratris ejus. Actum est hoc anno Incarnationis dominice M. centesimo. Sexagesimo Tercio.

(1) Raoul II, comme de Vermandois, mourut de la lèpre en 1176, et eut pour successeur son beau-frère Philippe d'Alsace, comte de Flandre. Il s'appelait aussi Raoul le Jeune.

XXV.

1164. — f° 42, v°.

CHARTE de Conon, seigneur de Pierrefonds, accordant aux religieux de Saint-Léger le droit de prendre chaque jour une voiture de bois dans ses forêts, selon la concession de Raoul de Vermandois.

In nomine sancte et individue Trinitatis. Ego Cono, dominus Petrefontis, notum volo fieri tam presentibus quam futuris quod, rogatu patrui et domini mei Ivonis suessionensium comitis, et assensu Agathe uxoris mee, per cujus legitimam copulam progenitorum ejus dominium inpresentiarum possideo (1) donavi fratribus Sancti Leodegarii Suessionis, divino obsequio mancipatis, de omnibus lignis cotidiano usui necessariis in foresta mea, quemadmodum et comes Radulfus eis primum concesserat, singulis diebus unius quadrige sarcinam, ob videlicet remedium animarum patris mei et dominorum Drogonis et Nevelonis filii ejus. Precipio etiam ne quis hominum meorum super hoc ecclesie molestiam faciat, sed imperpetuum et sine calumpnia donum istud possideat. Ut autem hoc beneficium meum nulla oblivio deleat, sigilli mei impressio, testium que

(1) Conon ou Conrad, fils de Raoul II de Nesle, châtelain de Bruges, et neveu d'Ives de Nesles, comte de Soissons, avait épousé Agathe de Pierrefonds, le dernier rejeton de la race seigneuriale de ce lieu. Il avait été associé au comté de Soissons par son oncle.

presentium subscriptio attestando confirmat. Nomina
testium : Radulfus de Alisi , Johannes de Roia, Hugo,
filius Goscelini, Petrus de Vi, Radulfus Meserins, Johannes de Servai et Robertus frater ejus, Elbertus
Henrici *(filius)*. Actum est hoc anno ab Incarnatione
Domini M̊.C̊. LX̊ IĬII.

XXVI.

1464. — f° 21, v°.

CHARTE du Chapitre de Soissons, contenant un échange entre lui et l'abbaye de Saint-Léger.

Nevelon, prepositus, et Willelmus, decanus, universum que Suessionis Matris Ecclesie capitulum (1) universis Xristi fidelibus in perpetuum. Ad futurorum cognitionem et presentium memoriam actionis sue certitudinem fidelis pagine testimonio credere approbanda veterum consuevit auctoritas. Quorum vestigiis quantum cum ratione possumus insistentes, pactionem quandam, que inter ecclesiam nostram et monasterium Beati Leodegarii intercessit, scripto commendavimus. Si quidem, ecclesia Beati Leodegarii Matri Ecclesiæ nostre octo sextarios vini in Rupe pro memoria; itemque sex alios in stricto viculo xenodochio ejusdem Ecclesie nostre debebat antiquitus, pro quibus nimirum alibi mutuo persolvendis; vinagium quod dam semimodii vini quod in vinea quadam domni Joannis, archidiaconi, ultra sanctum Remigium solebat accipere tam ecclesie nostre quam xenodochio concessit in perpetuum possidere; reliquos vero duos modios qui restant de numero in altera vinea prope Sanctum

---

(1) Nivelon de Chérisy, alors prévôt de la cathédrale, devint évêque de Soissons en 1175. Guillaume 1er, doyen du Chapitre de 1155 à 1170, fut disciple de Jean Salisbury, et l'un des plus savants hommes de son temps. (Vide *Annales du Diocèse de Soissons*, t. II, p. 515.)

Petrum de Calce decrevit accipiendos esse. Ne igitur
ista pactio successu temporis vel oblivionis sommo
in scrupulum contentionis evocari queat, sigillorum
ecclesie nostre et predicti monasterii impressione confirmari et confirmationis munimine roborari statuimus.
Actum anno ab Incarnatione Domini M. C. LX quarto,
Ludovico Ludovici *(filio)* regnante (1) domno Hugone presulante (2).

(1) Hugues de Champfleury, chancelier de France, évêque de Soissons, mort en 1175.
(2) Louis le Jeune, fils de Louis le Gros.

XXVII.

(Sans date)

Vers 1165. — fº 36, vº.

Ego J. abbas Santi Crispini in Cavea (1) et capitulum omnibus in perpetuum. Noverint universi quod nos pro semimodio vini quod nos reddebamus ecclesie Sancti Leodegarii Suessionis de vinea que dicitur Agnelet et de sex sextariis de alia vinea, que est in stricto vico, eam quittavimus de decem sextariis vini et *demi (sic)* cum gallina que nobis unoquoque de vinea sua, que dicitur Ricardus, reddebat, et de decem denariis censualibus de vinea sua, que est ad Cureoir ; et cum his omnibus assignavimus ei sex sextarios vini cum gallina et justicia quos recipiebamus de vinea Symonis *le pélé* ; et duodecim denarios suessionensis monete pro matre mea ad census qui sunt in Richebore (2). Quod ut ratum habeatur sigilli nostri munimine sancitum est.

(1) Jean Iᵉʳ, acbé de Saint-Crépin en Chaye, de 1165 à 1177 environ.
(2) Richebourg, quartier de Soissons.

XXVIII.

1166. — f° 15, v°.

CHARTE d'Ives de Nesles, comte de Soissons, pour la confirmation des biens donnés à Saint-Léger par Renaud, son prédécesseur.

In nomine Sancte et individue Trinitatis. Ego Ivo, comes Suessionensis, rogatus a fratribus ecclesie Sancti Leodegarii Suessionis qui specialiter mee sunt protectionis, ut pote quorum ecclesia ex predecessorum meorum, comitum Suessorum, munificentia et mea subsistit fundata, justum arbitrans eorum votis annuere, volo ea que ex largitione predecessoris mei comitis Rainaldi, in presentiarum possident, tam présentibus quam futuris per litteras intimere *(intimare)*. Idem igitur Renaldus comes, per admonitionem venerabilis Goisleni pontificis et virorum religiosorum, ecclesiam beati Leodegarii refutavit, atque in manum ejusdem episcopi posuit. Deinde eumdem rogavit episcopum ut in eadem ecclesia abbatem et conventum clericorum regularium intronsmitteret *(intrommitteret ou intromitteret)*, quod et fecit. Sed quia facultas ecclesie fratrum usibus non sufficiebat, idem comes décimas quas tenebat in manu episcopi reddidit et episcopus eidem ecclesie contulit. Vineam etiam que dicitur Rocha et duos modios salis in teloneo suo de

primis redditibus, et duos modios vini apud Buciacum,
sed et censum domus Bernardi juxta atrium et insula
prope Sanctum Julianum et medietatem alterius
insule et sedem molendinorum sub turri, furnum quoque juxta forum, et decima annone et nnmmorum sexteragii et donum prebendarum capelle Sancti Principii
per manum abbatis, non tamen sine assensu comitis.
Hec in inicio dedit et in ultimo testamento hec addidit : officium corduanorum et parmentariorum et fasciculos lignorum navium et quicquid habebat apud
Espagni in monte et in valle, preter hospites et justicia et placita, clausum quoque ad Sanctum Martinum
et pratum de Vineolis et pratum de Cufiis. Hec omnia
ut predicte ecclesie illibata serventur, Ego Yvo, comes
Suessionis, sigilli mei munimine roboravi, ac testium
suscriptorum auctoritate dignum duxi confirmari.
Testes vero sunt : Johannes, Ebroïnus, Theobaldus,
Drogo, sacerdotes et capellani Sancti Principii ; Radulfus, castellanus de Nigella ; Warmondus de Triecoc ;
Symon de Coci ; Willermus senes, Gerbertus Matifart ;
Rogerus macer, Radulphus Dens et Lisiardus de Porta,
prepositi ; Odo pincerna, Johannes frater et Robertus
burgundio, Gerardus nepos ejus. Actum est hoc anno
ab Incarnatione Domini millesimo, centesimo, sexagesimo sexto. Epacta septima decima, concurrentibus V, Indictione quarta decima, Ludovico regnante,
Hugone cancellario episcopante Suessioni (1).

(1) Pour les noms des lieux, voyez les bulles et chartes de confirmation ci-dessus.

XXIX:

1166. — f° 20.

*CHARTE de Conon de Pierrefonds, pour la confirma-
tion des biens donnés à Saint-Léger par son oncle
Yves de Nesles.*

In nomine Patris et Filii et Spiritus Sancti, Amen (1).
Ego Cono, dominus Petrefontis, et Agatha uxor
mea notum fieri volumus tam futuris quam presentibus, quod omnia que ex largitione comitis Renaldi et
domini et patrui mei Ivonis, suessorum comitis (2) assensu ecclesie Beati Leodegarii Suessionis collata sunt,
nostra quoque benevolentia rata et illibata permanere
decernimus. In quibus hec propriis duximus exprimenda
menda vocabulis : omnes decimas quas comes Rainaldus tenebat, vineam que dicitur Rocha et duos
modios vini apud Buciacum ; sed et censum domus
Bernardi justa atrium, et insulam prope Sanctum Julianum, et medietatem alterius insule, et sedem molendinorum sub Turri ; furnum quoque juxta forum
et decimam annone et nummorum sexteragii et donum
prebendarum capelle Sancti Principii per manum
abbatis, non tamen sine assensu comitis. Hec in inicio
dedit, et in ultimo testamento hec addidit : officium
corduanorum et parmentariorum, et fasciculos navium,

(1) « Imprimé dans l'*Histoire de Soissons*, par Regnault, page 14
des pièces, sous la date de 1176. » (Note marginale d'une écriture récente.)
(2) Voyez la remarque de la charte de Conon, de 1176, *supra.*
CART.   10

et quicquid habebat apud Espagni in monte et in valle preter hospites et justiciam et placita ; clausum quoque ad Sanctum Martinum et pratum de Vineolis et pratum de Cufies (1) Hec omnia ut predicte ecclesie in perpetuum illibata serventur, ego Cono, sigilli mei munimine roborari ac testium subscriptorum auctoritate dignum duxi confirmari. Testes vero sunt : Johannes, Ebroinus, Theobaldus, Drogo, sacerdotes et capellani Sancti Principii ; Radulfus , castellanus de Nigella ; Warmundus de Triecoc ; Symon de Coci, Willermus, senex ; Gerbertus Matifart ; Rogerus, macer, Radulfus dens et Lisiardus prepositi ; Odo, pincerna ; Johannes, frater et Robertus Burgundio ; Gerard, nepos ejus. Actum est hoc anno ab Incarnatione Domini M̊. C̊. L̊X̊. VI. Epacta XVII, concurrentibus V. Indictione XIIII. Ludovico rege regnante, Hugone, cancellario, episcopante Suessioni.

(1) Pour les noms des lieux, voyez les bulles et chartes de confirmation (*Remarques*).

XXX.

1169. — f° 43.

CHARTE de Philippe d'Alsace, comte de Flandre et de Vermandois, confirmant « le droit du bois »(ms.) que Saint-Léger a reçu de son prédécesseur, Raoul le Jeune, dans la forêt de Retz.

In nomine sancte et individue Trinitatis. Universitati tam presentium quam futurorum notum fieri curavimus, quod ego Philippus, comes Flandrie et Viromandie, et Elisabeth comitissa, nostre dignitatis et legitimi thori socia (1), fratribus Sancti Leodegarii Suessionis divino obsequio mancipatis, pro remissione peccatorum nostrorum et ob remedium animarum antecessorum nostrorum donavimus de lignis ad conburendum tam vivis quam mortuis in foresta nostra, singulis diebus, bige equorum duorum vectionem de donatione comitis Radulfi junioris prius esse concessam. Precipimus etiam ne quis servientium nostrorum super hoc prefate ecclesie molestus existat, sed ex precepto nostro volumus, ut ab eis ecclesia consilium et auxilium habeat. Ne vero hoc beneficium nostrum oblivione deleatur, et ut jam dicta ecclesia imperpetuum illud et sine calumpnia teneat, nostrorum impressione sigillorum et testium attestatione subscriptorum presentem paginam fecimus confirmari. Signum Henrici, remensis archie-

(1) Philippe d'Alsace, comte de Flandre et de Vermandois, successeur de Raoul II ou le Jeune dans le comté de Vermandois (*ubi supra*)

piscopi (1). S. Henrici, silvanectensis episcopi (2).
S. Roberti, Sancti Audomari prepositi. S. Martini, abba-
tis Sancti Vedasti (3). S. Rainoldi, cantoris de Compen-
dio (4). S. Roberti, advocati bituniensis. S. Roberti filii
ejus. S. Eustachii, flandrensis camerarii. S. Wifridi de
Hamelaincort.... (déchirure). Signum Hugonis Havet
S. Walteri Attrebatensis. Actum Atrebati anno
M̊. C̊. L̊X̊. VIIII.

(1) Henri Ier de France fut archevêque de Reims de 1162 à 1175.
(2) Henri fut évêque de Senlis de 1168 à 1185.
(3) Saint-Vaast d'Arras.
(4) Saint-Corneille de Compiègne:

XXXI.

1171. — f° 19, v°.

*CHARTE d'Yves de Nesle, comte de Soissons, sur « les
dixmes de Cramaille. » (ms.)*

« Ego Ivo, Suessionis comes (1), Notum fieri volo,
tam futuris quam presentibus, quod Balduinus, abbas,
et conventus Sancti Leodegarii, assensu meo, concesserunt ecclesie Sancte Marie Vallis Xristiane duas
partes magne decime quam apud Cramelias habebant
ex beneficio et largitione comitum suessionensium jure
perpetuo possedendas, tali pactione, quod ecclesia
Vallis Xristiane persolvet, singulis annis, novem modios annone morteenge (2) et sex modios avene
usque ad Octavas sancti Martini. Si autem secundum predictum factum persolvere neglexerint, abbati et ecclesie negligentia preostensa, nisi eam sine
dilatione correxerint, ecclesia Sancti Leodegarii decimam suam libere et sine contradictione in posterum
possidebit. Fratres vero Vallis Xristiane ipsam decimam suis vehiculis Suessionis deducent et in horreo
ecclesie ad mensuram comitis mensurabunt. Et ut hec
pactio inviolata perseveret, sigillo meo et utriusqne ecclesie sigillis et cyrographo munire curavimus. Hujus

(1) « Filius Reginaldi pater Radulphi » en marge, et d'une écriture
récente. (Cette erreur est rectifiée à la charte d'Yves de Nesles, de 1161.)
(2) Méteil ?

rei testes sunt Berneredus, abbas Sancti Crispini (1);
Herbertus, abbas Vallis Serene; Robertus, prior
ejus; Warnerus, decanus; Ebroinus, decanus; Radulfus, castellanus; Ingelbertus Matifart, Gaufridus
cocus, Lisiardus, prepositus; Guido, maior. Actum
est hoc anno ab Incarnatione Domini M.˙C̊. LXX̊I.

(1) Bénéred gouverna Saint-Crépin le Grand sous le chancelier
Hugues de Champfleury, évêque de Soissons, qui le fit son vicaire général. Il devint, en 1179, cardinal-évêque de Préneste. (Voyez *Annales
du diocèse de Soissons*, t. 2, p. 552.)

XXXII.

1171. — f° 29 , v°.

CHARTE d'Enguerrand , abbé de Saint-Médard de Soissons, pour un échange de femmes de corps.

Ego Ingelranus , Dei gratia abbas Sancti Medardi, et conventus (1) : Notum facimus , tam futuris quam presentibus , quod Maisendem, filiam Berengeri de foro et Aveline, sororis Gervasii de Valresis, ab omni dominio nostro liberam pro Avelina filia Lisiardi de porta, quam Gervasius de Valresis duxit uxorem, Ivoni, comiti Suessionis, perpetuo jure possidendam concessimus ; ita tamen quod filios Aveline , quos de Garino habuerat, et filiam etiam comes sibi retinuit. Quod ut firmum sit sigilli capituli nostri impressione, et testium qui subscripti sunt annotatione , roboratum est. Johannes, prior ; Hugo subprior ; Ingrannus, thesaurarius ; Gofridus, prepositus de Riparia (2) ; Guido, capellanus ; Odo, capellanus de Vico ; Ingelbertus, presbyter ; Gervasius de Valresis ; Johannes et Tainoldus, fratres ejus ; Drogo, miles de Vico ; Berengerus de foro, Lysiardus de porta ; Symon de Noverunt (3) actum anno Verbi incarnati M. C septuagesimo primo.

(1) Engnerrand gouverna Saint-Médard après Godefroid Col de Cerf, qui traita avec bienveillance Abailard enfermé dans son monastère, et devint évêque de Châlons. Enguerrand se démit en 1177.

(2) *Riparia* est Berny-Rivière, et le *Vicus* qui suit est Vic sur Aisne, deux localités voisines et du domaine de Saint-Médard.

(3) *Noverunt* pour *Noveron* est Nouvron-Vingré, canton de Vic sur Aisne, lequel dépendait aussi de Saint-Médard.

XXXIII.

1171 — 1174. — f° 21.

CHARTE de Beaudoin, abbé de Saint-Léger, et de Jean, abbé de Saint-Jean des Vignes, contenant une convention sur des terres et revenus à Chavigny, près de Longpont(1).

Noverint omnes, tam sequaces quam moderni, quod ecclesia Sancti Johannis de Vineis habuerit antiquitus apud Cavigniacum IIII°ʳ oleas (2), XVI denarios care monete et IIII°ʳ assinos avene per annum solventes, et terram arabilem de qua reddebat ei terragium singulis annis ecclesia Sancti Leodegarii Suessionis. Habebat etiam ecclesia Sancti Johannis apud Aisdinum (3) terram arabilem de qua, singulis annis, reddebat terragium et decimam prefate ecclesie Sancti Leodegarii. Assensu autem capituli utriusque ecclesie facta est compositio, ita ut quod ecclesia Sancti Johannis apud Cavigniacum habebat ecclesia Sancti Leodegarii in posterum libere et quiete possideat, et quod ecclesia Sancti Leodegarii apud Aisdinum reclamabat in terris cultis ecclesia Sancti Johannis similiter in posterum libere et quiete possideat, excepto tamen quod ecclesia

(1) Il est question, dans cette charte sans date, de Beaudoin, abbé de Saint-Léger, qui paraît en cette qualité de 1171 à 1174, et de Jean Iᵉʳ, abbé de Saint-Jean, qui occupa ce siége abbatial de 1150 à 1178 ; on doit donc la placer entre 1171 et 1174.
(2) Quatre mesures d'huile.
(3) Aisdin, lieudit près du hameau de Chavigny (commune de Montgobert et près de Longpont).

Sancti Johannis quot annis, ante Nativitatem Domini,
reddet ecclesie Sancti Leodegarii decem aissinos frumenti in grangia sua apud Tranlun (1) ad mensuram
suessionensis fori. Et ut conventio ista in posterum
firma et inviolabilis permaneat cyrographo et utriusque
capituli sigillo et subscriptorum testimonio confirmata
est. Statutum est etiam ut ecclesia Sancti Johannis sigillum Sancti Leodegarii, et ecclesia Sancti Leodegarii sigillum capituli Sancti Johannis super hac habeat
compositione. Factum est hoc pro pace et concordia
utriusque ecclesie predicte, Johanne Sancti Johannis
et Balduino Sancti Leodegarii abbate existente. Testes sunt Robertus, prior Sancti Johannis; Bernardus,
thesaurarius; Petrus de Pruvinno; Robertus, prior
Sancti Leodegarii; Richoardus; Ascelinus, conversus.

(1) Tranlon, ferme de Saint-Jean (commune de Saint Pierre-Aigle,
canton de Vic sur Aisne), peu éloignée de Chavigny.

XXXIV.

1174. — f° 22, v°.

CHARTE des abbés de Valsery et de Saint-Léger,
« pour les dixmes de Montgobert. » (ms.)

« In nomine sancte et individue Trinitatis. Nos
abbates Sancte Marie Vallis Serene, Sancti que Leodegarii Suessionis pariter apud Vallem Serenam congre-
gati, querelas quasdam, que inter fratres nostros oriri
videbantur, fraterna consideratione terminavimus, et
que ibidem statuta sunt prudentium virorum qui
affuerunt arbitrio, Ellebaudi scilicet Loci Restaurati
abbatis et Johannis Loche, fratrum que nostrorum
assensu, utrumque irretractabiliter teneri decrevimus.
Vice igitur generalis capituli sui, Robertus, ecclesie
Beati Leodegarii abbas, fratres que sui qui aderant,
concesserunt ecclesie Sancte Marie Vallis Serene
omnem decimam perpetuo possidendam quam ab
ejusdem ecclesie fratribus accipere solebant, vel quam-
cunque in eorundem fratrum terris ubicunque per
territorium Montis-Gumberti jaceant, clamabant sub
annuo videlicet censu decem assinorum frumenti et
quinque avene ad mensuram Suessionis. Statutum est
autem ut census iste in grangia Vallis Serene et usque
ad festum Sancti Martini persolvatur ; taleque frumen-
tum in unoquoque anno, pro varietate temporum,

detur et accipiatur quale in decima Montis Gumberti habetur. Preterea necessarium visum est subter annotare et determinare terram ad predictum censum pertinentem ut omnis in posterum altercandi occasio excludatur. Omnes itaque particule terre pertinentes duntaxat ad decimationem Montis Gunberti que infra metas novalium et territorii Vallis Serene concluduntur ; ager quoque sacerdotis predicte ville qui est juxta nemus ; terra etiam Guillermi cabonarii *(carbonarii)* et Honorati ad quinque assinos que in medio territorii Montis-Gunberti consistit ; et campus Guillermi carbonarii et uxoris sue qui eidem terre adjacet ; terra nichilominus Theiboldi, fratris Johannis, et terra Ginardi leporis et fratrum ejus que sunt contigue terris Vallis-Serene ; campus quoque Petri de Courei et uxoris ejus, et terra filii Ivonis de Alneto ad duos assinos pertinent ad predictum censum ; et omnem decimam hujus descripte terre concessit ecclesia Sancti Leodegarii ecclesie Sancte Marie Vallis Serene libere et absolute, sub annua prescripti census solutione. Si autem quippiam terre fratres Vallis Serene, ab anno et die qui subscripti sunt, in decimatione Montis Gunberti uspiam adquisierint, decima terre que adquisita fuerit ecclesie Sancti Leodegarii ex integro persolvetur. Quod ut firmum, et inconvulsum permaneat in eternum, ego Herbertus, Vallis Serene abbas, et universum capitulum nostrum presenti cyrographo confirmamus et sigillis nostris pariter consignamus , testium que subscriptorum auctoritate communimus. Signum Herberti , abbatis Vallis Serene. S. Roberti , prioris. S. Claronis, suprioris. S. Godefridi. S. Alermi, provisoris. S. Odonis, cellarii. S. Henrici. S. Wicardi. S. Guermundi fratrum. Signum Ellebaudi , Loci Restaurati abbatis. S. Johannis Loche qui pactionis hujus mediatores fuerunt. Signum Roberti , Sancti

Leodegarii abbatis. S. Guillermi, prioris. S. Guidonis, prepositi. S. Richoardi. Signum Teisboldi fratrum. Signum Berardi , sacerdotis Montis Gunberti. S. Petri de Sancto Medardo. S. Johannis Buchin de Monte Gunberti. S. Ginardi leporis. S. Heimardi filii Huidelendis. S. Cochemeri. Actum anno Incarnationis Verbi M̊. C̊. LXX IIÏI. Indictione VIIᵃ. Confirmatum Suessione, VI Kalendas Julii.

XXXV.

(Sans date.)

Avant 1178. — f° 34, v°.

CHARTE d'Yves de Nesles, comte de Soissons, pour une maison de cette ville donnée à Saint-Léger par un croisé, mort en Palestine (1).

Ego Ivo, Suessionis comes, notum fieri volo tam futuris quam presentibus, quod Durandus, in peregrinatione transmarina defunctus, domum suam in vico Berengeri ecclesie Sancti Leodegarii, pro anima sua in elemosinam dimisit. Pentechosta vero de Amblinio, que domum illam de domino Gervasio de Busenci in feodo ante tenuerat, et liberi et heredes ipsius elemosinam factam laudaverunt; et in augmentum beneficii prefate domus censum qui juris eorum erat eidem ecclesie concesserunt, et videntibus plurimis, super altare Sancti Leodegarii dimiserunt. Et ut hoc in posterum negari non posset et inviolabile, ratum que constaret, ante meam presentiam venerunt et coram multis quod de elemosina factum erat se fecisse cognoverunt. Dominus vero Gervasius, de cujus patrimonio res erat et cujus benivolentiam prenominati ecclesie conventus

(1) Ives de Nesle prit la croix à Vézelay, en 1146, l'année de la mort de Renaud le Lépreux, son prédécesseur au comté de Soissons. Il se croisa encore en 1150, et mourut en 1178. C'est donc entre ces dates qu'il faut placer cette charte et les suivantes du même comte,

expetibat, prece et voluntate mea, quantum ad ipsum
pertineat, istud beneficium cumulavit et assensu suo
et filii sui, sicut michi placuit, hilariter confirmavit.
Ut ergo hec venturis temporibus malignorum consiliis,
aut subdola adinventione nequeant perturbari, presentem paginam sigilli mei auctoritate et subscriptorum
testimonio volui roborari. Hujus enim rei testes exi-
stunt Radulfus, Nigelle castellanus ; Robertus Cigot ;
Ebalus de Berzi ; Wido, frater ejus ; Johannes, dapifer ;
Willermus de Super Axonam ; Ingelbertus Matifar et
Girardus frater ejus ; Radulfus al dent ; Philippus de
porta ; Martinus, filius Acardi ; Ivo de foro ; Ernoldus
Broiard ; Lisiardus peierans villam. Hii etiam testes et
plegii sunt pro ecclesia responsuri, si super hoc deinceps adversus eam querela surrexerit, Adam de Fonte-
neto ; Ansellus de Septemmontibus ; Gillebertus Ma-
thildis, Pentechosta et filie ejus. Super hos omnes ego
ipse Ivo, comes, advocatus ecclesie, causam illius in
mea protectione suscipio et ubi necesse fuerit pro illa
respondebo.

XXXVI.

(Sans date.)

Avant 1178. — f° 24, v°.

CHARTE d'Yves de Nesles, comte de Soissons, sur deux muids et demi de vin et des rentes en argent donnés à Saint-Léger pour l'entrée d'un religieux et l'entretien d'une lampe perpétuelle.

Ego Ivo, comes Suessionis, notum fieri volo tam futuris quam presentibus, quod abbas Sancti Leodegarii et conventus Rainaldum filium Diedi (1) in suum consorcium, assensu et consilio meo, susceperunt. Pro quo etiam fratres ejusdem eidem ecclesie duos modios et dimidium vini in elemosinam contulerunt, Fulco ad Sacy XXVIII sextarios ; Johannes ad Valbuin ad filios Bernardi XVIII sextarios, Reinoldus ad Odonem de Archis XIIII sextarios. Preterea pro lampade quadam que lucet in choro ante corpus Dominicum, quam Diedus et Claricia, uxor ejus, in perpetuum concesserant, duo fratres et duo sororii duodecim solidos solvunt, Fulco in vinea sua de Sancto Petro III solidos, Johannes in vinea sua de Guntero III solidos, Renoldus in vinea sua IIII sextarios solvente, vinee de Guntero adherente, III solidos, Lisiardus ad terram Johannis filii Warneri, quam sub ipso possidet ad Valbuin, III solidos. Terram etiam juxta forum de elemosina Petri

(1) Pour *Deodati*, Dieudonné.

de Ploisi confirmavi eis et duobus hominibus manu mea
dedi in perpetuum possidendam. Et ut hec in perpetuum inviolata permaneant sigilli mei auctoritate
et subscriptorum testimonio confirmare curavi. Ego
ipse Ivo comes horum testis sum ; Radulfus, castellanus ; Albericus gigas ; Gubertus de Valbuin ;
Rogerus macer : Lysiardus, prepositus ; Gaufridus
coquus ; Johannes Burgundio ; Odo buticularius et
plures alii.

XXXVII:

(Sans date.)

Avant 1178. — f° 37, v°.

CHARTE de Raoul de Coucy, confirmant à Saint-Léger la liberté du passage au village de Champs, et donnée en présence d'Yves de Nesles.

Ad futurorum cognitionem et presentium memoriam fidelis pagine testimonio credere veterum consuevit auctoritas. Quorum vestigiis, quantum cum ratione possum, inherens, Ego R. (Radulfus) de Cociacho elemosinam coram I. (Ivone), comite Suessionis, et multis aliis factam, passagium videlicet de Caun quod Johannes, uxor et liberi ejus, fratribus Sancti Leodegarii Suessionis omnium rerum suarum concesserant, precibus prefati comitis laudavi et sigilli mei auctoritate et subscriptorum testimonio volui confirmari. Hujus elemosine testes sunt Ivo, comes ; Radulfus, castellanus ; Symon de Coci ; Drogo, decanus de Coci villa ; Robertus, maior dEspagni ; Petrus de Sancto Medardo (1) et alii plures.

---

(1) « Cette charte est repétée cy dessous folio 46, mais avec une addition remarquable. » (*ms.*)

Voici ce passage :

« . . . . Laudavi etiam omnem scilicet minutam decimam curtis Savigniachi de animalium nutrimentis et de aliis infra ambitum curtis excultis. Huic elemosine testes fuerunt Ivo, comes ; Radulfus, castellanus ; Simon de Coci ; Robertus, maior dEspaniaci, et alii plures. »

(2) Pierre de Pont Saint-Mard, village près de Coucy.

XXXVIII.

CHARTE de Simon, évêque de Meaux, pour un arrangement entre le trésorier du chapitre de Meaux et les chanoines de Saint-Léger, sur divers biens à Chavigny.

Symon, Dei gratia Meldensis episcopus, omnibus ad quos littere iste pervenerint in domino salutem. (1) Notum fieri volumus universitati vestre querelam quemdam ortam fuisse inter magistrum Stephanum de Pruvenino meldensis ecclesie thesaurarium et canonicos beati Leodegarii Suessionis super quibusdam possessionibus quas prefatus thesaurarius apud Chavegnum jure meldensis thesaurarie, dicebat se possidere. Hec autem querela cum utrimque longo tempore fuisset agitata demum hoc modo terminata fuit. Dederunt si quidem prenominati canonici prefato thesaurario XV libras pruvinensis monete. Ipse autem omni controversie quam in nemore, sive in terra arabili, sive in quacunque re contra eos habuerat, nunquam deinceps reclamaturus renunciavit, et quicquid in querela fuit, assensu nostro et capituli nostri, quietum clamavit. Quod ut ratum et inconcussum permaneat presentis scripti attestatione et sigilli nostri auctoritate corroboravimus. Actum est hoc anno ab Incarnatione Domini M. C. LXX VIII.

(1) Simon, évêque de Meaux, s'égeait dès 1177 au moins.

XXXIX.

1178. — f° 33.

CHARTE de Guillaume, archevêque de Reims, con-
tenant un arragement fait en sa présenée entre le
trésorier du chapitre de Meaux et les chanoines de
Saint-Léger, sur divers biens à Chavigny.

Willermus, Dei gratia Remorum archiepiscopus,
apostolice sedis legatus, omnibus ad quos littere iste
pervenerint in domino salutem. (1) Notum fieri volumus universitati vestre querelam quamdam ortam
fuisse inter magistrum Stephanum de Pruvinno, meldensis Ecclesie thesaurarium, et canonicos Beati Leodegarii Suessionis super quibusdam possessionibus
quas prefatus thesaurarius apud Chavegnum jure meldensis thesaurarie, dicebat se debere possidere. Hec
autem querela cum utrimque longo tempore fuisset
agitata, demum in presentia nostra hoc modo terminata fuit. Dederunt siquidem prenominati canonici
prefato thesaurario XV libras pruvenensis monete ;
ipse autem omni controversie quam in nemore, sive in
terra arabili, sive in quacunque re contra eos habuerat, nunquam deinceps reclamaturus renunciavit, et
quicquid in querela fuit quietum clamavit. Quod ut
ratum et inconcussum permaneat presentis scripti at-

---

(1) Guillaume Ier de Champagne siégea de 1176 à 1202. Il était
surnommé *Guillaume aux blanches mains.*

testatione et sigilli nostri auctoritate corroboravi-
nus. Actum est hoc anno ab Incarnatione Domini
M̊. C̊. LXX. VIII. Datum per manum Alexandri can-
cellarii nostri.

XL.

1179. — 1202. — f° 39.

CHARTE de Guillaume, archevêque de Reims, ordonnant d'excommunier ceux qui se rendraient coupables de violence envers le monastère de Saint-Léger.

Willermus, Dei gratia Remorum archiepiscopus, Sancte Romane Ecclesie tituli Sancte Sabine cardinalis, apostolice sedis legatus (1). Omnibus decanis et presbiteris ad quos littere iste pervenerint salutem. Scire nos volumus quod ecclesia Sancti Leodegarii Suessionis cum omnibus ad eam pertinentibus in tutela et protectione nostra specialiter consistit. Unde univertisati vestre mandamus et districte precipimus ut cum requisiti fueritis a dilecto filio nostro abbate, vel nuncio ejusdem ecclesie, malefactores illos qui in fratres ecclesie illius manus violentas injecerint, vel res ipsius ecclesie detinerent, sive auferre presumpserint, convenire non differatis ut eidem ecclesie, sine dilatione, ad plenum satisfaciant et ablata reddant vel recredant. Quod nisi ad commonitionem vestram fecerint, ipsos, auctoritate nostra freti, excommunicetis et

(1) Guillaume aux blanches mains ayant été archevêque de 1176 à 1202, et nommé cardinal en mars 1179, au concile de Latran, on doit placer cette charte sans date entre 1179 et 1202. Il ne prend pas en effet le titre de cardinal dans la charte précédente de 1178, mais celui de légat seulement.

terras eorum interdicto supponatis, et usque ad condignam satisfactionem , singulis dominicis , candelis accensis, eos excommunicatos denuncietis et denunciari faciatis. Preterea in villis , sive oppidis , ubi res sepe dicte fuerint , quandiu ibi detinebuntur , auctoritate nostra a divinis cessari faciatis, ita ut nullum xristianitatis solacium preter viaticum et baptisma ibidem inveniatur. Ad hoc illos de quibus idem abbas , vel nuncii ejus , vobis conquesti fuerint ad diem quam vobis nominaverint Remis peremptorie citetis.

XLI.

1181. — f° 27.

*CHARTE de Raoul Audent, maïeur de Soissons, sur
la vente de « la maison devant St-Léger. » (ms.)*

Ego Radulfus au dent , maïor communie Suessionis ,
notum facio presentibus pariter et futuris, quod Mathil-
dis la borguenesse domum suam que juxta Beatum
Leodegarium sita est, fratribus ejusdem ecclesie me
presente vendidit. Quam quidem venditionem approba-
verunt filii ejus Radulfus, Bartholomeus, Wido, Robertus , et etiam filii Pagani , prepositi, Crispinus et
Petrus qui terciam partem in eadem domo habere di-
noscebantur. Et hi predicti omnes cum Gerardo Saca-
rin et filiis ejus, Johannes quoque Frigale et frater
ejus, Godbertus etiam de Terni cum uxore sua, fide
interposita , se plegios et obsides constituerunt quod
contra omnes qui ad justiciam venire voluerint , legitima super hoc ferent guarandiam. Hujus autem rei
mecum testes sunt quorum nomina subscribi feci. Odo
Matifart, frater meus ; Fulbertus, canonicus Sancti
Gervasii ; Berengerus de Foro ; Berengerus filius
Galteri filii Ulrici ; Johannes Forrel ; Ernoldus
Broiarz ; Robertus de Valresis ; Guido de Novo vico ;
Gaufridus , frater ejus ; Symon de Foro ; Hugo Miedi ;
Willermus Claudus ; Robertus , famulus noster ; Hugo
de Novo vico ; Theodoricus froisse bos ; Hugo Ruiez.
Et ut hoc, sicut predictum est, ratum conservetur, in
perpetuum paginam sigilli nostri appositione feci con-
firmari. Actum anno Incarnati Verbi M. C. LXXXI.

XLII.

(Sans date.)

1181 à 1186. — f° 28, v°.

CHARTE d'Hugues, abbé de Prémontré, et de Guillaume, abbé de Saint-Léger, sur une dîme de Sorni et de Leuilly.

In nomine sancte et individue Trinitatis. Ego Hugo, Premonstrati, abbas (1) et ego Willermus, Sancti Leodegarii Suessionis abbas, notum facimus, tam futuris quam presentibus, quod ecclesia Sancti Leodegarii habebat apud Sornei et apud Dullei (Lulli, *Leuilly?*) quamdam decimam satis ad modum modicam quam ecclesia Premonstratensi, que in eadem villa majorem decime partem et alios redditus plurimos habet, concessit et dedit, ut in perpetuum possideret, ea tamen conditione : ecclesia Premonstratensis ecclesie Sancti Leodegarii, singulis annis, modium vini ad mensuram de Buzcei persolveret. Et hic modius vini apud Buzcei cum aliis redditibus quos ibi habet ecclesia Sancti Leodegarii, persolvetur in domo Premonstratensi et hoc de illo vino quod illic recipitur pro decima vini. Hoc factum est laude nostra et assensu, et utriusque ecclesie hoc laudante et assentiente conventu. Quod ut ratum sit, et inconvulsum

---

(1) Guillaume figure dans la liste des abbés de Saint-Léger, de 1181 à 1186.

posteris transmittamus, cyrographi conscriptione, testiumque subnotatione atque sigillorum nostrorum impressione communivimus. Testes hujus rei de ecclesia premonstratensi, Gerardus tunc prior; Egidius, subprior; Heymo, cantor; Eustachius, sacrista; Rainerus, vestiarius; Stephanus, circator; Guido, prepositus. De ecclesia Sancti Leodegarii Godefridus, prior; Walterus, Wido, Drogo, Ivo, Robertus, sacerdotes; Petrus, subdiaconus.

XLIII.

1182. — f° 58,

CHARTE de Nivelon, évêque de Soissons, à propos
« *des dismes de Saint-Pierre Ailles.* » (*ms.*)

Ego Nivelo, Dei gratia Suessionensis episcopus, tam
futuris quam presentibus volumus notum fieri, quod
Huilardus de Septem montibus decimam suam de
Aquila ecclesie Beati Leodegarii suessionensis, tam
emptione quam elemosina, concessit habendam in
perpetuum, et per manum nostram Willelmum abbatem et fratres ejusdem ecclesie investivit, uxore sua
et heredibus suis idipsum approbantibus. Promisit
etiam in presentia nostra se jam dictis fratribus super
hoc guarandiam laturum contra omnes qui venire
vellent ad justiciam. Testes. . . sunt nobiscum : Bal-
dewinus, suessionensis archidiaconus; Johannes,
Loche; magister Rogerus; magister Ebroïnus, Ger-
mondus, Petrus de Faiel, canonici nostri; Godefridus,
prior Sancti Leodegarii; Guido, Ivo, canonici ejusdem
ecclesie; Radulfus, castellanus Nigelle; Willelmus de
Super-Axonam, Roger macer, Radulfus cum dente,
Giletus de Pernant. Quod ut ratum conservetur imposterum presens scriptum sigilli nostri impressione communivimus. Actum anno Incarnati Verbi
M. C. LXXXII.

XLIV.

1182. — f° 32, v°.

CHARTE de Raoul, comte de Soissons, sur un pré que Renaud de Landricourt disputait à Saint-Léger.

« Ego Radulfus, comes Suessionensium (1). Notum fieri volo, tam futuris quam presentibus, quod Renaldus de Landricurte querelam prati et clibani quam contra ecclesiam Beati Leodegarii per vicecomitatum suum habebat, coram me in curia Suessionis judicio nobilium vivorum atque sapientium, concedente Hugone fratre suo et Johanne filio Petri de Truegni, cunctis que amicis suis concedentibus, liberam et quietam ecclesiam dimisit et injustitiam fratribus factam coram nobis emendavit. Et ne aliqua in posterum persona hanc cognitionem coram nobis et multis aliis factam valeat perturbare, presentem paginam sigilli mei auctoritate et subscriptorum testimonio volui confirmare. Hujus rei testes sunt : ego Radulfus, comes ; Guillermus, abbas ; Galterus, Guido, Drogo, Hugo, Ivo, canonici Sancti Leodegarii ; Bartholomeus de Seveilli, Guillermus de Super Axona, Gubertus Matifarz ; Petrus, miles ; Thomas dEspagni, Radulfus Aldent, Girardus Sacarins. Actum anno Incarnati Verbi M. C. LXXX. II.

(1) Raoul de Nesle, IIIe du nom, comte de Soissons.

XLV.

(Sans date)

Avant 1182. — f° 33.

CHARTE de Raoul, comte de Soissons, concernant « les cens d'une maison devant les tours de Sainte-Marie. » (ms.)

Ego Radulfus, comes Suessionis, notum facio tam presentibus quam futuris, quod cum ecclesia Sancti Leodegarii Suessionis censum quemdam octo denariorum nigrorum in domibus Crispini et Ricardi de Saconiaco possideret, ipsa censum illum Johanni, militi de Parnant, concessit, proquo predictus Johannes justiciam cum censu septem denariorum et oboli nigrorum qui est supra domum que fuit Poncie, que etiam est ante turres Sancte Marie (2), prefate ecclesie perpetuo concessit possidendum. Quod ut ratum sit, ad preces utriusque, sigilli mei appensione corroboravi.

(1) Raoul III hérita du comté de Soissons vers 1181, et mourut en 1236 ou 1237.
(2) Devant les tours du monastère de Notre-Dame de Soissons.

· XLVI.

1183. — f° 26, v°.

CHARTE de Léon, abbé de Saint-Crépin le Grand, et de Guillaume, abbé de Saint-Léger, sur des cens aux quartiers de Panleu et de Crise à Soissons.

In nomine sancte et individue Trinitatis, frater Leonius, abbas Sancti Crispini Suessionis; Willermus (1) Willermus, abbas Sancti Leodegarii Suessionis. Omnibus in perpetuum notum sit tam présentibus quam futuris, quod, pari assensu nostri utriusque capituli, concedimus et ratos in perpetuum habemus census presenti pagine inscriptos quos ecclesie nostre sibi invicem debere noscuntur. Ecclesia itaque Sancti Leodegarii debet ecclesiæ Sancti Crispini quinque solidos censuales suessionensis monete et tres gallinas apud Penleu de duabus masuris quas tenent filii Lamberti le lorgne (*sic* pour le borgne) Porro ecclesia Sancti Crispini debet ecclesie Sancti Leodegarii, annis singulis, XVIII denarios cathalaunensis monete prope Crisiam subtus eamdem ecclesiam ex quibus quidem comes Suessionis quatuor solebat recipere, sed eos ecclesie Sancti Leodegarii in elemosina donavit. Quos si forte ipse comes ab ecclesia Sancti Crispini vellet repetere, pro eisdem quos ei

(1) Léon succéda, dans l'abbatiat de Saint-Crépin le Grand, à son oncle Thibauld, qui devint cardinal comme Bénéred, son prédécesseur.

eadem ecclesia donaret non teneretur erga ecclesiam Sancti Leodegarii. Ut ergo utraque ecclesia predictos census sicut pretaxatum est annis singulis in perpetuum altera alteri persolvat, communiter annuentes, de communi nostri utriusque capituli coniventia, presentis cyrographi conscriptione et nostrorum sygillorum impressione uterque confirmamus. Actum est hoc anno ab Incarnatione Domini M̊. C̊. LXX̊X. IİI.

XLVII.

CHARTE de Guillaume, abbé de Saint-Léger, sur une vente de vignes à Rochemont (Pommiers), etc.

Ego G. abbas Sancti Leodegarii Suessionis (1), et universus ejusdem ecclesie conventus, presentibus et futuris in perpetuum. Notum fieri volumus quod Engelranus Giguez et uxor ejus et duo filii eorum, Robertus et Philippus et Maria soror eorum, vendiderunt precio XL librarum suessionensis monete domino Fulberto, canonico Suessionis Matris Ecclesie, vineam unam in Rochemont sitam in territorio nostro et Johannis militis de Noe, solventem dicto Johanni XVII sextaria vinagii et unum denarium cathalauni de censu, et nobis obolum unum Cathalauni similiter de censu ; et item, vineam unam de allodio solventem presbitero Sancti Petri de Calce VII sextaria et dimidium de memoriis et filio Rogeri de Danleu III obolos Cathalauni pro fossato qui pridem explanatus adjunctus est vinee, et terciam vineam in campo comitis Suessionis, solventem sextarium vini usque ad quinque annos post hanc venditionem, et postea, plenum vinagium. Hanc venditionem tenendam et justam garandiam portandam affidaverunt predictus Giguez et uxor ejus et duo filii eorum, Robertus et Philippus et Maria, soror eorum, et Ro-

(1) Guillaume. qui est le même que le *Willermus abbas* de la charte précédente.

gerus macer et ejus duo filii Petrus et Radulfus, et
Guillermus de Super Esnam (1) et fide jussores fuerunt.
Laudaverunt hanc venditionem Johannes Loche, Gervasius Gotiete, Johannes mortuus et Ada mater ejus,
Odo clericus Johannis Loche, Albericus de foro et
Petrus filius ejus, Hugo de Terni et filius ejus, et de
justa garandia fidejussores fuerunt. Laudaverunt etiam
hanc veriditionem Robertus, filius Durandi, pro se et
pro filio suo, et Joannes Quinqueneaus et Rogerus
li champenois pro se et pro filio suo. Hujus composi-
tionis sunt testes magister Andreas et Johannes, prior
Sancti Crispini in Cavea; Arnulfus, sacerdos Sancti
Petri de Calce; Albericus, thesaurarius Sancti Medardi;
Lurardus de Sorni tunc maïor; Philippus de porta,
Galterus de Juvegni, Martinus de la chaucie, Robertus
Coerons, Ernoudus de Tartier, Renoldus Cochet, Gal-
terus Peteillons, Garnerus Vuliane, Albericus Gobez,
Godebertus de Pomiers, Girardus de foro, Rogerus
cerarius, Theobaldus bolongarius. Actum est hoc anno
Incarnationis M. C. LXXX. III.

(1) Vic sur Aisne.

XLVIII.

1184. — fº 25, vº.

CHARTE de Nivelon, évêque de Soissons, pour l'approbation de la fondation d'un chapelain à Saint-Crépin le Petit.

Nivelo, Dei gratia Suessionis episcopus, omnibus in perpetuum (1). Noverit universitas vestra quod dilectus et fidelis noster Radulfus, comes Suessionis, in capella sanctorum Crispini et Crispiniani juxta Turrim volens instituere capellanum (2), obtinuit a dilecto nostro Willermo, abbate Sancti Leodegarii, et a conventu ejusdem loci, ut unus de fratribus ecclesie illius tanquam capellanus assidue ibi deserviret pro comite et pro suis oraturus. Quo circa eidem ecclesie dedit in elemosinam LX. solidos currentis monete, assensu Aales comitisse uxoris sue, singulis annis ad teloneum sexteragii recipiendos. Et nos hanc elemosinam in quantum ad nos spectat approbantes, ut firmius observetur, impressione sigilli nostri fecimus communiri. Rogantes attentius ut et memoria nostri, sicut ex devocione fratrum nobis concessum est, ad salutem anime nostre in eadem capella frequentius habeatur. Actum anno incarnati Verbi M̊. C̊. LXXX.IIII.

(1) Nive'on de Chérizy fut évêque de Soissons, de 1175 à 1207.
(2) Cette chapelle est celle de Saint-Crépin le Petit, située près du Château de Soissons, et dont il existe encore aujourd'hui des restes, rue de la Congrégation. C'est là qu'avaient d'abord été transportés les corps de saint Crépin et saint Crépinien après leur martyre. Une ruelle dite de Saint Crépin, aujourd'hui supprimée, donnait accès au portail de la chapelle.

XLIX.

1186. — f° 32.

CHARTE de Nivelon, évêque, de Raoul, comte de Soissons, et de Guillaume, abbé de Saint-Léger, sur la dîme d'Epagny.

Ego Nevelo, Dei gratia suessionensis episcopus, et ego Radulfus, comes Suessionis, et ego Willermus, abbas, et capitulum Sancti Leodegarii, omnibus presentibus et futuris imperpetuum. Notam fieri volumus pactionem quamdam quam ego N. Suessionis episcopus et ego R. comes Suessionis inter capitulum Sancti Leodegari et milites Thomam d'Espagni, Petrum que sororium ejus, consilio bonorum virorum elaboravimus. Cum enim dicti milites totam decimationem in essarto Sancti Leodegarii suam esse contenderent, capitulum Sancti Leodegarii ea, que ad pacem sunt desiderans, pro decima illa duorum modiorum decimam ad perticam in monte Burnelli, et omne terragium quod in terris dictorum canonicorum jam nominati milites possidebant, et decimam vince Burnelli et decimam que erat in angusto duarum viarum im perpetuum habenda, nostra laudatione et auctoritate interposita, a predictis militibus receperunt. Quod ut perpetuo ratum maneat et inconvulsum, presentem cartam nostris sigillis munivimus, Actum anno incarnati Verbi M. C. LXXX. VI.

———————

L.

1186. — 1196. — f° 40.

CHARTE de Bertrand, abbé de Saint-Médard, con-tenant un accord avec Saint-Léger sur des surcens de masures situées en-deça de l'Aisne.

Ego Bertrannus, Dei gratia abbas Sancti Medardi Suessionis, totum que capitulum, omnibus in perpe-tuum. Quoniam ea que ad Ecclesie dignitatem perti-nent perpetua firmitate consistere, ne posterorum malicia possit immutari, autentice scripture dignum est ea commendari. Ad universorum igitur noticiam pervenire volumus querelam que inter nos et capitu-lum Beati Leodegarii Suessionis versabatur, hoc modo esse determinatam ; scilicet ut de masuris, que sunt citra Axonam, imperpetuum medietatem supercensus recipiamus et predictum capitulum reliquam medie-tatem recipiet. Eidem siquidem capitulo libere et abso-lute et perpetuo possidendam concessimus terram que ei contingit ex parte Johannis Buignon, et in hujus conventionis memoriam predictum capitulum XIII^cim sextaria vini singulis annis nobis reddere te-nebitur. Quod ut ratum habeatur, ne per temporum curricula oblivionis jactura obtineat, presentem car-tam sigilli nostri impressione et testium subscriptione fecimus roborari. Gillebertus, prior ; Radulfus, sub-prior ; Johannes Remi? Galterus, cantor ; Michael, Hugo puer ; Johannes puer.

(1) Bertrand fut abbé de Saint-Médard vers 1186, et mourut ou abdiqua en 1196, ce qui oblige de placer cette charte sans date dans cet intervalle.

LI.

1190. — f° 53.

CHARTE de Nivelon, évêque de Soissons, pour la confirmation de la vente d'une part dans le « moulin de Chevruel » (ms.) faite à Saint-Léger.

Ego Nivelo, Dei gratia suessionensis episcopus, notum fieri volumus quod fratres ecclesie Sancti Leodegarii suessionensis a Berardo de porta emerunt octavam partem molendini quod dicitur Chevruel, pretio viginti trium librarum fortium et nonaginta solidorum suessionensis monete. Dederunt assensum uxor sua et filii sui et fratres ejus Algrinus et Gaudefridus. Ipse quoque Berardus, fide interposita, firmavit se justam garantiam portaturum, et fide jussores super hoc dedit Fulconem Lebègue, Guidonem de Nova rua, Hugonem de Marisi, Evrardum de Sorni, tunc majorem communie, Terricum Froisse bos, Garnerum de Cathena, Galterum *le pélé*, Gaufridum de Rotomago. Nos quoque et Bartholomeus de Vilers, canonicus Suessionis Ecclesie, qui eo tempore baillivi eramus rerum Ade de Vilers apud Jherosolimam tunc militantis, in cujus censu et justicia prefatum molendinum situm est, predicte venditioni assensum dedimus et eam laudavimus. Similiter et Petronilla, uxor predicti Ade, et ab ecclesia venditiones accepimus, auctoritatem que nostram predicte conventioni

accommodavimus ut in perpetuum valeret, et preno-
minata ecclesia quod a Berardo emerat quiete et in
perpetuum possideret. Actum Verbi incarnati anno
M.C.XC.

LII.

1192. — f° 15.

CHARTE de Raoul, comte de Soissons, pour une rente due à Saint-Léger par Wibald, chevalier de Saint-Pierre-Aigle, sur une maison du Vieux Marché à Soissons, et le droit de pâture pour la ferme de Chavigny sur le terroir de Saint-Pierre-Aigle.

Ego Radulfus, comes suessionensis, omnibus, ad quos littere iste pervenerint, notum facio universis, quod Wibaldus, miles de Ayla et uxor ejus, recognoverunt coram me in domo de Chavegni, se debere ecclesie Beati Leodegarii Suessionis quatuor nummos cathalonenses de recto censu supra domum suam sitam in veteri foro suessionensi, juxta domum Gervasii parvi. Recognoverunt etiam quod domus de Chavegni debet habere tres pasturas in toto territorio de Ayla pro animalibus et porcis et ovibus suis. Huic recognotioni interfuerunt Henricus de Mynci (1) et Hugo Salvagius, milites; Fulbertus, magister dicte domus; Ulricus, conversus; Radulphus, clausarius (2) et plures alii. In cujus rei testimonium presens scriptum sigilli mei munimine roboratur. Actum anno Domini M. CL.XXXXII.

(1) Mi°y.
(2) *Clausar'as*, le gardien de l'enclos, de la ferme.

LIII

1202. — f° 44.

CHARTE de Raoul, comte de Soissons, qui constate
que, de son consentement, un nommé Pierre con-
cède à Saint Léger ce qu'il tenait en fief de lui, en
paiement d'une somme de 100 liv. qu'il devait à
l'abbaye.

Ego Radulfus, comes Suessionis, tam presentibus
quam futuris notum facio, quod Petrus, filius Girardi
sicarii, quidquid de me ipso in feodum tenebat, consensu et voluntate Aelidis uxoris sue et etiam assensu
meo, ecclesie Sancti Leodegarii Suessionis donavit et
concessit in solutionem centum librarum fortium,
XX solidis minus, quas idem Petrus debet predicte
ecclesie habendum et possidendum, salvo tamen ipsius
feodi servicio et jure meo. Si autem jam dicte ecclesie,
pro ipsius feodi servicio, sumptus et dampna evenerint,
tam diu ipsa ecclesia omnes redditus jam dicti feodi
recipiet donec eidem ecclesie omnes sumptus et
dampna ad plenum restituantur. In testimonio autem
hujus rei presens scriptum sigilli mei munimine
dignum duxi communire. Actum anno Incarnationis
dominice M̊. CC̊. secundo. Mense junii.

LIV.

1202. — f° 41.

CHARTE de Raoul d'Oulchy, prévôt, et de Jean Ier,
doyen de la cathédrale de Soissons, pour un échange
de ses droits sur les hôtes de Vingré, contre des
surcens appartenant à Saint·Léger, dans Soissons.

R. propositus, J. decanus suessionensis, totum que
capitulum Matris Ecclesie, omnibus in perpetuum (1).
Noverint universi quod nos concessimus ecclesie
Sancti Leodegarii perpetuo tenendum quicquid juris
habebamus in hospitibus de Vingré (2) ad laïcalem
pertinens justiciam, sub annuo censu XII denariorum
suessionensis monete nobis solvendorum in festo
sancti Remigii. Ecclesia vero Sancti Leodegarii in
recompensationem predictorum nobis contulit quicquid supercensus habebant in quartero nostro infra
civitatem Suessionis (3). Quod ut firmum sit sigilli
nostri munimine fecimus confirmari. Actum anno
Verbi incarnati M. CC. II.

(1) En remarque à la marge du folio 41, d'une écriture récente,
« Quo anno *Radulphus d'Oulchy* præpositus et *Joannes* decanus erant
Ecclesiæ Suession. »
Raoul d'Oulchy fut prévôt du chapitre de Soissons depuis 1194 environ, jusqu'au-delà de 1208. Jean 1er fut doyen de 1193 à 1201.
(2) Vingré, hameau de la commune de Nouvron (canton de Vic sur
Aisne), possédait un prieuré dépendant de Saint-Léger, changé aujourd-
'hui en ferme. Sa chapelle, interdite par François Fi z-James, évêque
de Soissons, existe encore.
(3) Le chapitre avait à Soissons un quartier dépendant de sa justice
temporelle.

LV.

(Sans date.)

Vers 1202. — f° 60, v°.

CHARTE de Raoul, prévôt du chapitre de Soissons, pour la concession à Saint-Léger d'une vigne qu'il avait achetée à Bucy.

Ego R. Suessionis Ecclesie prepositus et archidiaconus (1) omnibus in perpetuum. Noverint universi quod nos ecclesie Beati Leodegarii Suessionis vineam unam, quam a Galtero de atrio apud Buciacum emimus, in perpetuam concessimus elemosinam, ita tamen quod nos terciam partem fructuum ipsius vinee quo ad viximus recipiemus, et dicta ecclesia vinaticum quod vinea illa debet totum persolvet.

(1) Raoul d'Oulchy est le seul prévôt à qui, d'après la lettre initiale R., nous puissions attribuer cette pièce.

LVI.

1208. — f° 52, v°.

*CHARTE d'Haymard de Provins, évêque de Soissons,
à l'occasion de la nomination d'un abbé à Saint-
Léger, et de la liberté de l'élection.*

Haymardus, Dei gratia Suessionis episcopus (1)
omnibus in perpetuum. Noverint universi quod cum
ad ecclesiam Sancti Leodegarii suessionensis, ad in-
stantiam Henrici tunc abbatis et canonicorum ejusdem
ecclesie, accessissemus , ut de statu ecclesie cognos-
centes ea que corrigenda erant , tam in capite quam
in membris , corrigemus , compromissione tandem ab
utraque parte in nos de eorum voluntate facta, ipsum
H. amovimus de consilio prudentium virorum quos
nobiscum duxeramus, dilectum in Kristo (K͞p͞o) L. prio-
rem ecclesia Sancti Crispini in Cavea ibidem abbatem
instituentes. Quia vero predicti canonici liberam eli-
gendi haberent potestatem quotiens ecclesia sua pasto-
ris est regimine destituta , nolentes quod fecimus nimirum libertati eorum de cetero possit prejudicium
generare , vel eandem electionem impedire , litteras
presentes sigilli nostri munimine roboratas eisdem
canonicis duximus conferendas. Actum anno gratie
M̊. C̊C. VIͦII.

(1) Haymard de Provins (*vide superius*).

LVII.

1209. — f° 48.

CHARTE d'Haymard de Provins, évêque de Soissons, concernant un arrangement entre Saint-Léger et Gérard d'Arcy - Ponsart, sur des biens à Epagny.

Haymardus, Dei gratia suessionensis episcopus, omnibus in perpetuum. Notum facimus tam presentibus quam futuris quod, cum inter Lambertum abbatem et conventum Sancti Leodegarii suessionensis ex una parte, et Gerardum militem de Arceio Poncardi ex altera (1), questio verteretur supra quibusdam terris quas predictus abbas et canonici possidebant in monte et in valle de Espaigneio, tandem prefatus Gerardus miles et Margareta uxor ejus, ob remedium animarum suarum et antecessorum et heredum suorum, quicquid predicta ecclesia, tam in monte quam in valle, tunc temporis possidebat ipsi ecclesie concesserunt et quitaverunt coram nobis libere et pacifice possidendum in perpetuum, salva tamen justicia sua quam habent predictus miles et uxor ejus in terris prenominatis, fidem coram nobis interponentes quod de cetero super eisdem terris nec reclamabunt, nec facient reclamari. Hoc idem Johannes et Petrus filii sepe dicti militis, in presentia nostra laudaverunt et penitus ipsi

(1) Arcy le Ponsart, près de Fismes.

ecclesie quitaverunt. In hujus igitur rei testimonium presentes litteras scribi fecimus et sigilli nostri munimine roborari. Actum anno dominice Incarnationis M̊. ducentesimo nono, mense Augusto.

LVIII.

1209. — f° 44, v°.

CHARTE d'Hymard de Provins, évêque de Soissons, contenant un arrangement entre Saint-Léger et Longpont, sur des biens et des droits que les deux abbayes avaient à Chavigny et à Esdin.

Ego Haymardus, Dei gratia Suessionis episcopus, omnibus in perpetuum. Notum facimus presentibus et futuris quod cum inter ecclesiam Sancti Leodegarii Suessionis ex una parte, et Longipontis monasterium ex altera, super quibusdam articulis controversia verteretur per gratiam Dei ad concordiam est revocata ut inferius dicetur. Canonici supradicte ecclesie proponebant contra monachos, quod de centum modiis bladi, quos sine sesterlagii solutione vendere poterant, decimam que ex dono antiquo comitis Renaldi eos contingebat, non solvebant. Item dicebant canonici quod in nemoribus que sunt super abbatiam Longipontis jus pasture habebant. Item asseverabant se habere jus aque ducende per pratum monachorum a molendino suo, que omnia monachi inficiabantur. Tandem de communi voluntate et consensu abbatum et conventuum super his omnibus in venerabilem comitem Suessionis Radulfum est compromissum, et per Dei gratiam, ipso mediante, cum consilio bonorum virorum inter eos in hanc modum est ordinatum. Monachi Longipontis nemus quod incipit a cava via

super calciatam que est inter pratum Longipontis et
vivarium Caviniaci distensum in longum usque ad
marescum Saverie, sicut bonis et intersignis dister-
minatum est, libere in perpetuum possidebunt, ita
quod nec ecclesia Sancti Leodegarii, nec familia canonicorum pro se, vel pro animalibus suis, aliquid
juris in eo de cetero poterunt vendicare. Item canonici renuntiaverunt omni juri quod habebant, vel
habere se dicebant, in sesterlagio centum modiorum
bladii quos monachi vendere libere possunt, absque
omni sesterlagii solutione, ex dono virorum illu-
strium Ivonis et Radulfi comitum Suessionis. Monachi vero pro predictorum compensatione canonicis
cursum aque, quem prius per pratum eorum precario
habuerant, habendum imperpetuum concesserunt,
ita quod molendinum eorum libere molere possit,
ita etiam quod ipsis canonicis viam aque reficere et
purgare, cum opus fuerit, liceat, et purgaturam super
fossatum projicere, et sic intrent et exeant ne monachi de eis justam habeant materiam conquerendi. Item
in dictorum compensatione monachi duas vias, unam
juxta novum molendinum, alteram ultra Caviniacum
per culturam canonicorum quas a canonicis cyrographo eorum confirmatas habebant remiserunt, salvo
tamen cyrographo quantum ad alia que in eo conti-
nentur. Canonici vero e contra concesserunt eis supra
molendinum viam in latericio montis ad latitudinem
xx^{ti} pedum ita quod due vecture possint sibi sine im-
pedimento obviare. Viam autem per ante Caviniacum
usque ad montem *Peleus,* et inde versus pratum de
Esdines per subtus nemus ad eandem latitudinem.
Hanc pacem ab utraque parte receptam ad utriusque
partis petitionem in scriptum redigi nec non et sigilli
nostri auctoritate fecimus roborari. Actum anno Domini millesimo ducentesimo nono.

LIX.

1209. — f° 30, v°.

CHARTE de Raoul, comte de Soissons, sur le même sujet que le précédent.

Ego R. comes suessionensis, notum facio tam presentibus quam futuris quod, cum inter ecclesiam Sancti Leodegarii suessionensis ex una parte, et monasterium Longipontis ex altera, supra quibusdam articulis controversia verteret (1).... Hanc pacem ab utraque parte receptam, ad utriusque petitionem partis, sigilli mei auctoritate confirmavi et sigillorum partium appensione confirmandam dignum duxi. Actum anno gratie M̊. C̊C. nono.

(1) Le reste de la charte est conforme à la précédente d'Haymard de Provins, évêque de Soissons, de la même année, au folio 44 du manuscrit.

LX.

CHARTE de Raoul, comte de Soissons, donnant à Saint-Léger une masure où il y avait « des estals où est vendu la char. » (ms.)

Ego Radulphus, comes suessionensis, et Yolendis comitissa, uxor mea (1) universitati presentium et futurorum notum facimus, quod nos unam masuram justa forum nostrum suessionensem et inter domum Petri *le Raiant* et domum Rogeri Petcillon sitam, et in qua masura, per voluntatem nostram, stalla carnificum aliquando fuerunt, ob divine remunerationis intuitum, et animarum nostrarum et antecessorum nostrorum salutem, ecclesie Beati Leodegarii suessionensis sub nomine elemosine donavimus et concessimus in perpetuum possidendam, et libere tenendam, et a censu et a foragio et a roagio. Addidimus etiam, quod comes suessionensis omnem aliam justiciam sibi retinet in predicta masura et etiam suum redditum de omnibus aliis rebus que in predicta masura vendentur et ementur. Ne ergo res ista oblivioni deserviat, sed potius firma et stabilis permaneat, presens scriptum sigillorum nostrorum munimine dignum duximus communiri. Actum anno gratie millesimo, ducentesimo decimo, mense martio.

(1) Yolende de Joinville, seconde femme de Raoul III, qui avait épousé en prem'è es noces Alix de Dreux, fille de Robert de France, laq' elle en etait avec lui à ses quatrièmes noces.

LXI.

Vers 1210. — f° 44, v°.

CHARTE de Raoul, comte de Soissons, pour la do-
nation à Saint-Léger d'un emplacement près du
Marché, où il y avait autrefois des « estales » de
bouchers.

Ego Radulfus, comes Suessionis, et Aelidis, comitissa (1), omnibus ad quos littere iste pervenerint.
Scribere res gestas, maxime eu que ad Ecclesie dignitatem et favorem pertinent, antecessorum stabilivit
prudentia. Unde, ne in posterum posterorum malicia
possit immutari, scripture et memorie commendari
volumus quem ecclesie Beati Leodegarii concessimus
hunc favorem, scilicet, ut quamdam terram juxta
forum meum que quodam tempore de statiis carnificum
extitit possessa, predicta ecclesia in perpetuum possideat. Quod ut firmius observetur, presentis carte et
sigillorum nostrorum testimonio fecimus confirmari.

(1) Cette charte est certainement antérieure à 1210, puisqu'il y est
question de la comtesse Adélaïde, première femme de Raoul, et que,
dans la pièce précédente, il paraît comme marié déjà à Yolande de Joinville, la seconde.

LXII.

*CHARTE de Raoul, comte de Soissons, concernant
un don de vinage à Pontvert.*

Ego Radulfus, comes Suessionis, notum facio tam
presentibus quam futuris quod Wiardus Bugnons,
concedente fratre suo Reinaldo et uxore sua Ada,
atque filia sua Margareta, concessit ecclesie Beati
Leodegarii Suessionis atque in elemosina dedit XXIX
sextarios vinagii cum gallina quod in vinea de Pontvert, que est ecclesie, possidebat. Et cum ad quoddam
torculare suum et domini Petri de Triecot atque
domine Joie, vinum predicte vinee premere teneretur,
ab omni banno et exactione predicta vinea liberam
dimisit, salva quarta parte domine Joie quam in torcu-
lari possidet, pro qua duos sexcearios vinagii ecclesie
dedit cum justicia in quadam vinea subtus viam Pont-
verti in qua XIIIIᶜⁱᵐ sextarios vinagii in alodio tenebat.
Preterea pro elemosina Berte ad dentem IIIIᵒʳ solidos
census prenominate ecclesie dedit singulis annis ad
bac de Pomiers reddendos; item IIIIᵒʳ solidos et sex
denarios monete suessionensis quos diu ex jure suo
ecclesia in domo juxta pontem, que Hersendis sororis
sue erat, diu possederat, in presenti carta confirmari
voluit, ne super predictos denarios ecclesia aliquod
dampnum vel laborem sustineret. Super his omnibus
autem me plegium constituit et ejus atque heredum

voluntate et assensu me predicte ecclesie rectam
garandiam ferre constitui. Quod ut ratum habeatur
sigilli mei impressione munivi (1).

(1. Remarque marginale : *En original au chartrier de Saint-*
. . . . .

LXIII.

CHARTE de Raoul, grand archidiacre de Soissons, sur une vente à Saint-Léger d'une vigne à Bucy le Long.

Ego Radulphus, maïor archidiaconus suessionensis, universitati presentium ac futurorum notum facio quod Guarnerus, filius Evrardi pulchri, hominis de Buci, et Isabiaus, uxor dicti G. vendiderunt domino Roberto , presbytero , quamdam vineam apud Buci in Prahella de super Alneta. Quam vineam dictus Evrardus et Emmelina uxor sua dicto G. filio suo in matrimonium concesserunt et dederunt. Preterea, dicta Isabiaus , coram me ipso et quam pluribus aliis honestis viris , dictam vineam, quam dictus Guarnerus maritus suus sub nomine dotalicii eidem H. concesserat et dederat, nulla intuemente coactione vel violentia , libens et spontanea quietam clamavit. Ad majorem vero hujus rei securitatem dicta Hysabiauz bona fide creantavit et fiduciavit quod de cetero nichil in predictam vineam reclamaret. Ut ergo quod predictum est firmum et stabile habeatur, presens scriptum sigilli mei munimine volui communire. Actum anno gratie millesimo CC. X, mense novembri.

LXIV.

1211. — f° 64, v°.

CHARTE d'Osmond, sous-chantre, de Jean, écolâtre. et de Hugues de Saint-Germain, chanoines de Soissons, pour le partage des dîmes de Cramailles entre Saint-Léger et le curé de Cramailles.

Osmundus, succentor; Johannes, magister scola-
rum et Hugo de Sancto Germano, canonici Suessionis,
omnibus presentes litteras visuris in Domino salutem.
Norint universi quod, cum querela verteretur coram
nobis, auctoritate apostolica, inter abbatem et conventum Sancti Leodegarii Suessionis ex una parte, et
Guillermum, presbyterum de Crameliis, ex altera,
super duabus partibus decime quorumdam essartorum
et novalium de parrochia de Crameliis, scilicet de
magno campo domini Guidonis in *Coart*, et campo
Jocelli juxta illum, ex alia parte de minimo campo
domini Guidonis; campo Andree filii Henrici et filio-
rum Girelmi; campo Girardi de Cervenai. Item de alto
campo ejusdem Gerardi in pratilla; campo Petri car-
pentarii in pratella; campo Constantii supra pratum
domini Guidonis; campo Tirelli; campo Roberti filii
Girelmi ad Petram Sanolt; campo Theodorici in marle-
ria; campo Johannis supra pratum; campo Balduini
ad fontem Suriz. Tandem, de consilio bonorum virorum ad pacem laborantium, ita compositum est inter
eos, quod dictus presbyter et ejus successores habe-

bunt medietatem duarum partium decime supradictorum camporum qui ad dictam ecclesiam pertinebant
et ecclesia Sancti Leodegarii alteram. In cujus rei
testimonium presentes litteras scribi et sigillorum
nostrorum munimine, ad petitionem utriusque partis,
duximus roborari. Actum anno gratie M.CC. unde-
cimo.

LXV.

1 211. — f° 51, v°.

CHARTE d'Haymard de Provins, évêque de Sois-
sons, contenant un échange entre les abbayes de
Val-Chrétien et de Saint-Léger sur les dîmes de
Cramailles.

Haymardus, dominica miseratione episcopus,
R. abbas Sancti Johannis in vineis (1) et G. decanus
suessionensis (2), omnibus presentes litteras inspecturis in domino salutem. Noverit universitas vestra
quod cum inter ecclesiam Sancti Leodegarii suessionensis ex una parte et ecclesiam Beate Marie Vallis
Xristiane (3) ex altera, discordia verteretur super deci-
mis de Crameliis, quarum due partes pertinent ad
ecclesiam Beati Leodegarii et tercia ad ecclesiam Vallis
Xristiane, supra discordiis quas inter se habebant,
uterque abbas et conventus in nos compromiserunt,
hoc modo quod quicquid aut judicio, aut voluntarie
statueremus imperpetuum observarent, pena centum
librarum fortium apposita contra partem illam que a
compromisso nostro quandocumque resiliret. Nos
vero, potius ad pacem quam ad juris distinctionem

(1) Raoul qui fut abbé de Saint-Jean de 1197 à 1234.
(2) Guy de Ripelongue ou de Chésy, frère de Raoul, abbé de Saint-
Jean, et doyen du Chapitre de Suissons.
(3) Val-Chrétien, abbaye de Prémontrés, situé près de Cramailles, sur
l'Ourcq, entre Fère et Oulchy.

intendentes, ita ordinavimus : quod duas partes Sancti
Leodegarii haberet ecclesia Vallis Xristiane sub annua
modiatione novem modiorum annone moitengiorum (1)
et sex modiorum avene reddenda singulïs annis usque
ad festum Sancti Martini in hyeme et vehiculis ecclesie
Vallis Xristiane Suessionem ducende in horreo ecclesie
Beati Leodegarii, ad mensuram comitis mesuranda, pro
ut ante habuerat, et in auctentico comitis Yvonis
exinde confecto continetur. Hec tamen addidimus et
ordinavimus quod modiatio a neutra parte deinceps
destrui poterit. Ecclesia tamen que ab ordinatione ista
resilierit alteri ecclesie centum libras fortium reddere
tenebitur. Durante autem modiatione, si ecclesia Sancti
Leodegarii impedierit nuntios ecclesie Vallis Xristiane
adducentes bladum, ita quod eos non liberaverint
competenter, satisfaciet de expensis tam hominum
quam equorum. Si vero ecclesia Vallis Xristiane in
mora fuerit solvendi post terminum statutum, et an-
nona vel avena carior fuerit, reddent tamen sicut erit
vel annonam vel avenam. Si autem vilior, in eo statu
in quo erat eo termino quo solvere tenebatur. Addidimus etiam quod si ecclesia Vallis Xristiane reliquerit
modiationem de terris quas deinceps adquirent, decimam reddent ecclesie Sancti Leodegarii pro ea parte
quam habent in decima communi. Quod ut ratum et
firmum imposterum permaneat et inconcussum, cyrographum in hujus rei testimonium de assensu partium
confectum, sigillorum nostrorum testimonio fecimus
roborari. Actum anno Domini M̊. ducentesimo unde-
cimo.

(1) Meteil ?

LXVI.

1213. — f° 61.

CHARTE de Jean, abbé d'Ourscamp, au sujet d'un cens dû à Saint-Léger (1).

Frater Johannes, dictus abbas Ursicampi, et conventus omnibus hec visuris in perpetuum. Notum fieri volumus quod domus nostra tenet de abbate et capitulo Sancti Leodegarii Suessionis quoddam spacium terre quod Johannes Rossellus tenebat de abbate et capitulo Sancti Leodegarii sub annuo censu vigenti duorum nummorum cathalaunensium situm in managio quod idem Johannes Rossellus vendidit ecclesie nostre; fratres autem nostri predictum censum ecclesie Sancti Leodegarii reddent in festo Sancti Remigii. In hujus rei testimonium litteras presentes eidem ecclesie dedimus sigillo nostro munitas. Actum anno Domini M. CC. XIII.

(1) Abbaye située près de Noyon, et occupée aujourd'hui par une filature. Ses immenses bâtiments existent encore, mais il ne reste plus que le chevet de sa belle église.

LXVII.

1215. — fº 14, vº.

CHARTE par laquelle Raoul, comte de Soissons, confirme à Saint-Léger les biens qui lui ont été donnés par Renaud, son fondateur.

In nomine Sancte et individue Trinitatis, ego Radulfus, comes suessionensis, rogatus a fratribus ecclesie Sancti Leodegarii Suessionis qui specialiter mee sunt protectionis, ut pote quorum ecclesia ex predecessorum meorum comitum Suessorum munificentia et mea subsistit fundata, justum arbitrans eorum votis annuere, volo ea que ex largitione predecessoris mei comitis Reinaldi inpresentiarum possident tam presentibus quam futuris per litteras intimare. Idem igitur Reinaldus comes, per admonicionem venerabilis Goisleni pontificis et virorum religiosorum, ecclesiam Beati Leodegarii refutavit atque in manum ejusdem episcopi posuit. Deinde eumdem rogavit episcopum ut in eadem ecclesia abbatem et conventum clericorum regularium, intromitteret; quod et fecit. Sed quia facultas ecclesie fratrum usibus non sufficiebat, idem comes decimas quas tenebat in manu episcopi reddidit et episcopus eidem ecclesie contulit; vineam etiam que dicitur Roca et duos modios salis in theloneo suo de

(1) En remarque à la marge : *Radulphus comes, filius Ivonis, nepos primi fundatoris Reinaldi. Qui quidem Radulphus dedit nobis prebendas Sancti Principii.* (Voyez la remarque de la page 58.)

primis redditibus et duos modios vini apud Buciacum, sed et censum domini Bernardi juxtà atrium , et insulam prope Sanctum Julianum, et medietatem alterius insule, et sedem molendinorum sub Turri, furnum quoque justa forum, et decimam annone et nummorum sexteragii , et donum prebendarum capelle Sancti Principii per manum abbatis , non tamen sine assensu comitis. Hec inicio dedit et in ultimo testamento hec addidit : officium corduanorum et parmentariorum, et fasciculos lingnorum navium, et quicquid habebat apud Spainni in monte et in valle preter hospites et justiciam et placita, clausum quod ad Sanctum Martinum, et pratum de Vineolis, et pratum de Cufiis. Hæc omnia et quicquid dicta ecclesia sub domino meo impresentiarum juste et pacifice possidet ut predicte ecclesie illibata serventur, ego Radulfus, comes Suessionis, sigilli mei munimine roborari et confirmari dignum duxi. Actum ab Incarnatione Domini M̄. C̄C̄. quintodecimo , Philippo regnante, Heimardo episcopante Suessionis.

LXVIII.

1218. — f° 56.

CHARTE d'Haymard de Provins, évêque de Soissons, approuvant le don de la cure de Montgobert fait par l'abbé de Saint-Léger au prêtre Eustache.

Haymardus, Dei gratia suessionensis episcopus, omnibus in perpetuum. Notum facimus universis quod cum abbas et conventus Sancti Leodegarii suessionensis tenerent in manu sua parrochiam de Monte Gomberti, de assensu nostro eamdem parrochiam Eustachio presbytero donaverunt libere et pacifice quandiu vixerit possidendam. Ita videlicet, quod per hujus modi donationem nullum dicte ecclesie prejudicium generetur, quin post decessum ejusdem presbyteri dicta parrochia ad ecclesiam Sancti Leodegarii predictam quita et libera revertatur, et abbas et conventus de ea disponant sicut antea consueverant. Hanc autem fecerunt donationem salvis redditibus quos percipiunt in illa parrochia, scilicet duas partes decime bladi et avene et XVIII essinos bladi de Valseri et salvo jure oblationum in IIII°ʳ precipuis sollempnitatibus. Sciendum etiam quod dictus presbyter, in nostra presentia constitutus, dictam ecclesiam Sancti Leodegarii de omnibus querelis quas adversus eandem ecclesiam movere posset penitus quitavit. In cujus rei testimonium presentes litteras sigilli nostri munimine fecimus roborari. Actum anno Domini M. CC. octavo decimo, mense Januario.

LXIX.

1220. — f° 30.

CHARTE de Hugues, abbé de Longpont, contenant une concession à Saint-Léger sur des bois proches de ceux de son abbaye.

Hugo, dictus abbas Longipontis, totus que ejusdem ecclesie conventus, omnibus presentes litteras inspecturis salutem in domino. Notum facimus universis, quod si contigerit dominum regem Francie assignatur ecclesie Sancti Leodegarii nemora separata ab aliis nemoribus, ad quicquid voluerit faciendum, nos, communi assensu, quittavimus quicquid juris, quicquid usuarii in assignandis nemoribus habebamus, dummodo in nemoribus nostris, cujus est fundus proprius ecclesie nostre, nullam occupent portionem. Quod ut ratum et stabile permaneat, presentes litteras sigilli nostri munimine fecimus communiri. Actum anno Verbi incarnati millesimo, ducentesimo vicesimo.

LXX.

1223. — f° 58, v°.

CHARTE d'Enguerrand de Coucy approuvant un accord fait entre Saint-Léger, Godefroy de Villers et Pierre de Pont-Saint-Mard, chevaliers, au sujet d'une terre à Epagny.

Ego Jniorranus , dominus Couciaci (1) , universis presentem paginam inspecturis notum facimus, quod cum causa verteretur inter ecclesiam Beati Leodegarii suessionensis ex una parte , et duos milites , scilicet Godefridum de Vile et Petrum de Ponte Sancti Medardi, ex altera , super quibusdam terris quos dicta ecclesia acquisierat in monte de Espaigni que pertinent ad feodum nostrum, tandem, bonis viris mediantibus, pax inter vos reformata est ; ita tamen quod predicta ecclesia terras illas amodo pacifice possidebit et in eodem territorio, nisi per meam et eorum voluntatem, eos amodo per emptionem accressere non licebit. Hanc autem conventionem ego J. dominus Couciaci laudavi et sigilli mei munimine roboravi. Actum anno gratie M.CC. vicesimo tercio, mense Augusto.

(1) Enguerrand III. dit le Grand, sire de Coucy.

LXXI.

1227. — f° 58, v°.

*CHARTE de Raoul, comte de Soissons, contenant
diverses donations faites par son chapelain Robert,
pour la fondation d'une chapellenie dans la collégiale de Saint-Prince en la Tour des comtes.*

Ego Radulfus, comes suessionensis, presentibus et
futuris notum fieri volo quod quatuor vineas, quas dominus Robertus, capellanus meus, habebat in vinagio
meo apud Buci, scilicet in territorio de Bucy, scilicet
vineam suam *de la Paele* et *de Monbese*, et de sub
Braio et vineam quam habet sitam juxta viam per quam
itur ad capellam Beate Margarete (1); quas vineas
idem Robertus donavit ad sustentationem capellani
capellanie illius quam dictus R. de novo constituit in
ecclesia Beati Principii de Turre, concedo dicto capel-
lano capellanie in perpetuum tenendas et ab omni
vinagio finaliter absolutas. Et ego in manu mea retineo
justiciam earum et gallinas. Verumtamen testificor
omnibus presens scriptum inspecturis quod Radulfus,
filius Garneri de atrio de Buci, et Gaudefridus de
Juveigni, frater Johannis *le Doux*, omnes domos sitas
apud Suessionem, quas predictus Robertus tenebat ab
eisdem annualim ad censum, concesserint dicto capel-
lano capellanie quam idem Robertus constituit in dicta
ecclesia, absque vexatione aliqua in perpetuum tenen-

(1) Petite église située à l'extrémité du village de Bucy le Long.

das, salvis tamen censu et redditibus quos debent dicte domus, et salva justicia comitis Suessionis. Dedit etiam vineam suam de Margival sitam juxta locum qui vocatur *Coupevoie* et quatuor essinos terre arabilis quam habet in territorio de *Pomers* (Pommiers) et domum Haymardi quam tenet ad quatuor denarios census ab ecclesia Beati Crispini in Cavea, et stallum carnificis situm in foro Suessionis quam tenet a comite Suessionis ad duodecim denarios census. Post istam donationem quam dictus Robertus fecit Renoudo presbytero, fratri Gerberti quondam capellani comitis suessionensis, cetere donationes pertinebunt ad comitem Suessionis. Quod ut ratum habeatur presens scriptum sigilli mei munimine feci roborari. Actum anno Domini M. CC. vicesimo septimo, mense Februario.

LXXII.

1228. — f° 55.

CHARTE de Raoul, comte de Soissons, pour l'é-
change d'une rente de blé à Tranlon contre un cens
sur une maison de Soissons, entre Saint-Léger et
Adam de Missy aux Bois, chevalier.

Ego Radulfus, comes suessionensis, notum facio
omnibus presentes litteras inspecturis , quod cum
ecclesia Beati Leodegarii suessionensis haberet apud
Tranlon (1) sex assinos bladi et dimidium modium
avene , et dominus Adam , miles de Minci , haberet in
illo vico, quo manebat Wiardus Boignons, novem solidos et tres denarios et obolum de censu quem tenebat
de me in feodum , inter dictam ecclesiam et dictum A.
militem, talis extitit conventio, videlicet quod predicta
ecclesia dedit in excambium bladium et avenam me-
moratam domino Adam , et dictus Adam dedit ecclesie
prenotate dictum censum . Et notandum quod tam
census quam bladius et avena movent de feodo meo.
In hujus rei testimonium presentes litteras sigilli
mei munimine feci roborari. Actum anno Domini
M. CC. XVIII , mense Septembri.

(1) Ferme près de Saint-Pierre-Aigle, appartenant à Saint-Jean des
Vignes.

LXXIII.

1233. — f° 47.

CHARTE de Marie, abbesse de Saint-Etienne (Saint-Paul) de Soissons, contenant un échange de revenus entre Saint-Léger et cette abbaye.

M. abbatissa et conventus Sancti Stephani extra muros suessionenses (1), omnibus in perpetuum. Noverint universi, quod cum ecclesia Sancti Leodegarii Suessionis teneretur nobis et ecclesie nostre annuatim in quinquaginta solidos nigrorum annui redditus, occasione cujusdam domus site ante portam Beati Leodegarii Suessionis, que domus fuit Huardi de Burgondo, nos dictum redditum dedimus et quitavimus in perpetuum dicte ecclesie Sancti Leodegarii pro eo omni quod ipsa ecclesia Sancti Leodegarii habebat apud Cuphies tam in blado quam in vino, in censibus et aliis redditibus, uno prato excepto sito apud Cuphies quod sibi retinuit ecclesia supra dicta. In cujus rei testimonium presentes litteras sigilli nostri munimine fecimus roborari. Actum anno Domini millesimo ducentesimo tricesimo tercio, mense Aprili.

(1) Cette abbaye était située entre Soissons et Crony. L'abbesse de qui émane la charte est Marie d'Annay, la première supérieure que lui donna Jacques de Bazoches, évêque de Soissons, lorsqu'il y remplaça les religieux de Saint-Victor par des religieuses.

LXXIV.

1233. — f⁰ 56, v⁰.

CONFIRMATION de la charte précédente par Jacques de Bazoches, évêque de Soissons.

Jacobus, Dei gratia suessionensis episcopus (1), presentes litteras inspecturis in Domino salutem. Noverint universi, quod cum abbas et conventus Sancti Leodegarii suessionensis tenerentur annuatim in quinquaginta solidos nigrorum annui redditus ecclesie Sancti Stephani extra muros Suessionis, occasione cujusdam domus site ante portam Beati Leodegarii Suessionis, que domus fuit Huardi de Burgondo, ipsi abbas et conventus supradicti ad preces nostras dederunt et concesserunt in perpetuum in scambium pro dicto redditu ecclesie Sancti Stephani supradicte quicquid ipsi habebant apud Cuphies tam in blado quam in vino, in censibus et aliis redditibus, uno prato excepto sito apud Cuphies quod sibi retinuit ecclesia supradicta. Abbatissa autem et conventus dicte ecclesie Sancti Stephani memoratis abbati et conventui Sancti Leodegarii supradictum redditum quinquaginta solidorum nigrorum pro scambio prenotato in perpetuum quittaverunt. Nos autem scambium supradictum

---

(1) Jacques de Bazoches gouverna l'Eglise de Soissons après Haymard de Provins, de 1219 à 1243.

ratum et gratum habentes et confirmantes, presentes litteras sigillo nostro fecimus sigillari. Actum anno Domini millesimo, ducentesimo, tricesimo, tercio, mense Aprili.

LXXV.

1233. — f° 53, v°.

CHARTE de Jacques de Bazoches, évêque de Soissons, sur une vente de vinage faite à Saint-Léger par Jean de Billy sur Aisne.

Jacobus , Dei gratia suessionensis episcopus , omnibus presentes litteras inspecturis in Domino salutem. Notum facimus universis , quod dominus Johannes de Billi, miles, et Elisabeth, uxor ejus, filia domini Johannis, militis de Truigni (1), in nostra presentia constituti recognoverunt se vendidisse ecclesie Sancti Leodegarii suessionensis, precio quadraginta librarum fortium , viginti et unum sextarium et dimidium vinagii quod eadem ecclesia solvebat eis annuatim de quibusdam vineis dicte ecclesie sitis in Cousciaco moventibus de vinagio dictorum militis et uxoris sue, et etiam quamdam masuram sitam in Veteri Foro suessionensi cum omnibus appenditiis suis, que quondam fuit domini Wibaudi de Aquila militis. Quam masuram Adam de Bueria et Radulfus de Juviniaco cives suessionenses tenebant a predicto milite sub annuo supercensu quadraginta solidorum nigrorum, de quibus quadraginta solidorum persolvebant annua-

_____

(1) Il est certain qu'il s'agit ici de Billy sur Ourcq, et de Trugny, commune de Bruyères sur Ourcq, canton de Fère, et non de Trogny près d'Epieds.

tim predicte ecclesie sex denarios de recto censu,
quod videlicet vinagium et masura movent de hereditate dicte Elisabeth uxoris militis supradicti. Et sciendum est quod dictus Johannes et Elisabeth memorata
de non reclamando et de legitima et perpetua garandia
prefate ecclesie supra dicta venditione portanda contra
omnes qui ad jus aut ad placitum venire voluerint,
fidem in manu nostra interposuerunt corporalem. In
cujus rei testimonium presentes litteras sigilli nostri
munimine fecimus roborari. Actum anno Domini millesimo, ducentesimo, tricesimo, tercio, mense Aprili.

LXXVI.

1233. — f° 61.

CHARTE de Jean de Dreux et de Braine, comte de Mâcon, contenant la donation d'une vigne à Saint-Léger.

Nos Johannes, matiscomensis comes (1), notum facimus universis presentes litteras inspecturis, quod cum abbas Sancti Leodegarii Suessionis deadvocaret a nobis quamdam vineam que est de dominio nostro et custodia nostra, et ipsam advocaret de comite Suessionis, nos dictam vineam sesjugimus. Dictus autem abbas, videns quod errore ducebatur in hoc, penituit et accessit ad nos et publice recognovit quod dicta vinea erat de dominio nostro et custodia. Nos autem attendentes se istud ignoranter fecisse, ad benignam ejus petitionem, omnem nostram malignuolentiam, quam erga ipsum et ecclesiam suam occasione hujus facti habueramus, eidem plenarie condonavimus et predictam vineam eidem reddidimus et in perpetuum quitavimus. Actum anno Domini M.CC. trecentesimo, mense Septembri.

(1) Jean de Dreux, dit de Braine, fils puiné de Robert II, dit le Jeune, comte de Dreux et de Braine, et de Iolande de Coucy, devint comte de Mâcon en épousant Alix, comtesse de Mâcon, fille de Gérard II, comte de Mâcon. N'en ayant pas eu d'enfants, il lui permit de vendre, en 1238, le comté de Mâcon à S. Louis, qui le réunit à la couronne.

LXXVII.

1233. — f° 54, v°.

CHARTE de G., official de Soissons, sur une vente de vinages à Coucy, et d'une maison au Vieux-Marché à Soissans, faite à Saint-Léger par Jean de Billy et sa femme Elisabeth de Trugny.

G. canonicus et officialis suessionensis, omnibus presentes litteras (inspecturis) in Domino salutem. Notum facimus universis quod dominus Johannes de Billi, miles, et Elisabeth uxor ejus, filia domini Johannis militis de Truigni (1) in nostra presentia constituti recognoverunt se vendidisse ecclesie Beati Leodegarii Suessionis, precio quadraginta librarum fortium, viginti et unum sextarium et dimidium vinagii quod eadem ecclesia solvebat eis annuatim de quibusdam vineis dicte ecclesie sitis in Cousciaco moventibus de vinagio dictorum militis et uxoris sue, et etiam quamdam masuram sitam in Veteri Foro Suessionis cum omnibus appendiciis suis que quondam fuit domini Wibaudi de Aquila militis. Quam masuram Adam de Bueria et Radulfus de Juvigniaco, cives Suessionis, tenebant a predicto milite sub annuo supercensu quadraginta solidorum nigrorum; de quibus quadraginta solidorum persolvebant annuatim

(1) Voyez la remarque de la charte de Jacques de Bazoches, de 1233, ci-dessus, p. 325.

predicte ecclesie sex denarios de recto censu. Quod
videlicet vinagium et masura movent de hereditate
dicte Elisabeth, uxoris militis supradicti. Et sciendum quod dictus J. et E. memorata de non reclamando et de legitima et perpetua garandia prefate
ecclesie super predicta venditione portanta, contra
omnes qui ad jus vel ad placitum venire voluerint,
fidem in manu nostra interposuerunt corporalem. In
cujus rei testimonium presentes litteras sigillo curie
suessionensi fecimus roborari. Actum anno Domini
millesimo, ducentesimo, tricesimo, tercio, mense
Aprilis.

LXXVIII.

1234. — f° 59, v°.

CHARTE de Raoul, comte de Soissons, attribuant à Saint-Léger les prébendes de la collégiale de la Tour des comtes (1).

Venerabili patri suo ac domino Jacobo , Dei gratia suessionensi episcopo, Radulphus, eadem gratia comes Suessionis , salutem et amorem. Noveritis , quod cum ego prebendas et capellanias haberemus in Turri Suessionis quas clericis secularibus cum ipsas vaccare contingerat pro voluntate mea conferebam, et cum idem clerici nec propter easdem prebendas divinum officium celebrarent , nec apud easdem residerent et sine alicujus divini ministerii celebratione easdem prebendas inutiliter perciperint; ego volens ut in eadem Turri propter memoratas prebendas divinum obsequium perpetuis celebraretur temporibus, videlicet due misse singulis diebus cum horis canonicis , easdem prebendas et capellanias cum omnibus suis pertinentiis viris religiosis abbati et conventui Sancti Leodegarii suessionensis in perpetuam concessi elemosinam pro remedio anime mee, si vestre placuerit pietati huic concessioni assentire. Unde vestram quam plurimum exoro paternitatem quatinus intuitu pietatis prefatam

(1) En remarque à la marge du manuscrit : *Radulphus comes, nepos Reinaldi comitis primi Jundatoris ;* écriture récente. (Voyez la remarque ci-dessus, p. 58.)

(151)

concessionem ratam velitis et confirmare. Actum anno
Incarnati Verbi M. CC., tricesimo, quarto, mense
Junii.

LXXIX.

1235. — f° 62, v°.

CHARTE de H., official de Soissons, sur le don d'un muid de vin fait à Saint-Léger par les chevaliers Milon et Nicolas d'Ostel.

Universis presentes litteras inspecturis magister H. canonicus et officialis Suessionis, salutem in Domino. Noverint universi quod dominus Milo de Ostel, miles, coram nobis recognovit quod dominus Nicholaus, miles de Ostel, quondam frater suus, viam universe carnis ingressus, dedit et concessit in puram elemosinam pro anime sue remedio unum modium vini albi ad mensuram de Vailliaco ecclesie Sancti Leodegarii Suessionis percipiendum singulis annis imperpetuum in tempore vindemiarum ad vinagia de Ostello. Cujus elemosine collationem idem Milo coram nobis voluit, laudavit et approbavit, fide corporali prestita, promittens quod contra hoc aliquatenus imposterum venire non attemptabit, et quod dictam ecclesiam Sancti Leodegarii supra eadem elemosina de cetero non molestabit, nec par alium faciet molestari. In cujus rei testimonium presentes litteras sigillo curie suessionensis fecimus roborari. Actum anno Domini millesimo, ducentesimo, tricesimo, quinto, mense Februario.

LXXX.

1235. — fº 60, vº.

CHARTE de Jean, comte de Soissons, sur la vente d'une terre à Saint-Léger, au village d'Epagny.

Ego Johannes, comes Suessionis, notum facio omnibus presentibus et futuris quod Petrus Bosches, miles, vendidit viris religiosis abbati et conventui Sancti Leodegarii Suessionis sexdecim aissinos terre arabilis ab omni terragio liberos, sitos in monte de Espaigni in campo ad Tumbam, unumquemque aissinum pro sexaginta solidos parisios. Quam quidem terram prefatus Petrus tenebat de me in feodum. Hanc autem venditionem Helvidis ejus uxor voluit et approbavit. Dictus autem P. fide mediante creantavit quod predictis abbati et conventui legitimam garandiam portabit contra omnes qui in terram predictam voluerint reclamare. In cujus rei testimonium feci presentes litteras sigilli mei munimine roborari. Actum anno Domini millesimo, ducentesimo, tricesimo, quinto, mense Februario.

LXXXI.

1235. — f° 60.

CHARTE de Jacques, archidiacre de Soissons, par laquelle Foucard de Saint-Pierre-Aigle renonce à tout droit sur une maison appartenant à Saint-Léger en ce village.

J. archidiaconus suessionensis (1), omnibus hec visuris salutem in Domino. Noveritis quod Fucardus de Aquila, armiger, recognovit coram nobis se quitasse ecclesie Sancti Leodegarii Suessionis omne jus, dominium et totum usagium quod habebat in domo, cum masura ipsi domui contigua sita apud Aquilam, in loco qui dicitur *Chafosse* (2), que domus spectat ad ecclesiam Sancti Leodegarii ratione cujusdam fratris sui nomine Petri. Item, dominus Johannes, presbyter de Aquila, coram nobis constitutus, recognovit se quitasse dicte ecclesie Sancti Leodegarii pro ecclesia de Aquila duos essinos avene et duodecim denarios nigri que dicta ecclesia de Aquila percipiebat in dicta domo cum masura eidem domui contigua, annuatim, per recompensationem aliorum duorum aissinorum avene et duodecim denariorum nigrorum dicte ecclesie factam a dicto Fuchardo que sepe dicta ecclesia de Aquila

(1) Jacques paraît plusieurs fois avec la qualité d'archidiacre dans le cartolaire de Saint-Médard, notamment en 1236.

(2) Hameau de Saint-Pierre-Aigle. Il y a aussi dans la forêt de Villers-Cotterêts, près de Taillefontaine, un lieu dit *Chifosse*, où il y a une *fosse* profonde toujours remplie d'eau, quoiqu'aucun ruisseau n'y aboutisse.

percipiet annuatim in quadam domo dicte domui contigua, que domus est nepotum dicti fratris, promittentes
fide media, tam dictus presbyter quam dictus Fucardus, quod de cetero ecclesiam Sancti Leodegarii super
predictis domo et masura per se non molestabunt, nec
per alium facient molestari. Immo contra omnes qui
supra dicta domo ad jus aut ad placitum venire voluerint dicte ecclesie legitimam portabunt garandiam. In
cujus rei testimonium presentem cartam sigillo curie
nostre duximus roborandam (1). Datum anno Domini
M CC., tricesimo, quinto, mense Junii.

(1) Les archidiacres eurent leur *cour* ou officialité particulière.

LXXXII.

1237. — f° 47, v°.

CHARTE de Jean Gérins, official de Soissons, con-
tenant un arrangement entre Saint-Léger et un
clerc nommé Jehan Maret.

Universis presentes litteras visuris magister J. dictus Gerins, canonicus Sancti Petri (1), et officialis
Suessionis, salutem in domino. Noverint universi, quod
cum discordia verteretur inter ecclesiam Sancti Leodegarii Suessionis ex una parte et Joannem clericum,
dictum Marret ex altera parte, supra quadam domo sita
in foro suessionensi justa domum Walteri Pelliprii, et
supra quadam vinea sita in territorio de Palye, in loco
qui dicitur *au Fornel,* et super duabus petiis terre arabilis sitis ante baccum de Ponvert (2), quorum
omnium medietatem dicta ecclesia dicebat sibi fuisse
in elemosinam collatam ab Adam Marret quondam
patre ipsius Johannis clerici; tandem dicta ecclesia
quicquid juris habebat, aut habere poterat, in dictis
vinea et duabus petiis terre arabilis, ratione elemosine
predicte seu ratione legati, dicto Johanni clerico et ejus
heredibus, penitus imperpetuum quitavit, firmiter promittens coram nobis quod contra dictam quitationem
de cetero venire non attemptabit et quod in predictis
aliquid in posterum non reclamabit et dictum Johan-

(1) Saint-Pierre au Parvis.
(2) Ponvert, lieu où la voie de Soissons à Amiens passait l'Aisne,
sur un pont, remplacé par un bac.

nem, aut ejus heredes, nullo tempore supradictis vinea
et terra molestabit, nec per alium faciet molestari.
Dictus autem Johannes, clericus, in nostra constitutus presentia, omne jus, quod sibi competere poterat
in prefata domo jure heredetario, vel alio modo, dicte
ecclesie Sancti Leodegarii perpetuis temporibus quitavit. Quam quitationem Adenetus, nepos ejus, coram
nobis voluit, laudavit et approbavit, fidem in manu
nostra interponentes corporalem, tam dictus J. clericus quam dictus Adenetus, quod contra dictam quita-
tationem de cetero venire non attemptabunt, et quod
nichil imposterum in dicta domo reclamabunt, nec per
alios facient reclamari. Immo, legitimam garandiam
eidem ecclesie supra ipsa domo contra omnes juri et
justicie parere volentes. In cujus testimonium presentes litteras sigilli curie Suessionis munimine fecimus roborari. Actum anno Domini M.CC. tricesimo,
septimo, mense Junio.

LXXXIII.

1238. — f° 64.

CHARTE *de Jean II, comte de Soissons, par laquelle il est déclaré qu'il ne se reconnaît aucun droit de se faire héberger dans les maisons de Chavigny et d'Epagni, appartenant à Saint-Léger.*

Sachent tuit cil qui ces letres verront que je Jehans, cuens de Soissons por le salut de mame et de ma femme et de mes enfans et de mes ancessors ai relaissié al abbé et au convent de Saint Légier de Soissons tel droit com ie avoie en leur maisons de Chavigni et de Espaigni, que ie, ne en celes, ne es autres quel part que eles soient en ma seignorie, ni puis par droit ne hebergier, ne séiorner, ne boivre, ne mangier, ne ie ne mi seriant, ne ma femme, ne mi enfant; mais ie, retieng la warde (garde) de Chavigni et de Espaigni en tel maniere que ie retieng la haute justice et doi oster la force son leur faisoit en ces liuz devant diz, ne as chanoines, ne as convers, ne a leur maisnies(1), ne a nului qui habite en ces lius. Et se il aquestoient en aucun tans maisons en ma seignorie je retieng autele droiture com es autres devant dites et tuit li albaine en sunt mien. Et se hom qui eust deservi mort par son forfait estoit pris es maisons Saint-Légier qui sont en ma warde, la justice en est moie à faire. Et seil avenoit que je par leur soffrance gisoie, ne mangeoi en lor

(1) De *manere*, demeurer. *Maisnies*, gens de la maison.

maisons , ne ie , ne nus de par moi , je ne voil que ce
leur griet ia en avant , ne que je puisse aquerre par ce
ne droit , ne costume contre l'église devant dite, ne ie,
ne mi hoir. Ne ie ne puis metre main en leur maisons,
ne en leur choses, se por mes droites rentes, non seil ne
mi apelent , neil ni puent autrui apeler se par ma
défaute non. De rechief je leur otroi que qant je venderai mon sesterage de Soissons , que cil a cui ie le
venderai face feaute à l'église devant dite de la disme
que ele a deble et de deniers ou sesterage; et se ie le
faz cuellir par mon seriant il leur fra feaute ausi. Je
ai fiancié à tenir toutes ces choses en la main l'abbé
devant dit et après en la main monseignor lévesque
de Soissons Jake cui hom lieges ie sui, et de cui fié
ces choses muevent. Et Raous, chevaliers, mes frères
a loé et otroié à tenir et fiancié à garder ces choses
en la main le devant dit évesque. Et Marie ma femme,
contesse de Soissons et mes filles Aaliz et Yolens ont
fiancié en la main l'official de Soissons qui l'évesque
j envoia en liu de lui queles tenront ces choses loiaument. Et je otroi que se ie aloie arière de ces choses
ou hoir que ie aie que l'évesques me escommeniast par
droit après lamonicion de diz iors et enterdie ma terre
et ma maisnie. Et sachent tuit que l'église devant dite
m'a servi de cinc cenz livres de parisis , si que mes
grez en est faiz. Ces choses furent faites l'an del Incarnation notre Seignor , mil et dex cenz et trentewit el
mois de marz.

LXXXIV.

1238. — fº 55.

CHARTE de Jacques, archidiacre de Soissons, constatant un don à Saint-Léger de vinages à Vaurezis.

Jacobus, archidiaconus suessionensis, omnibus presentes litteras inspecturis in Domino salutem. Noverint universi quod Petrus Gargate de Wauresis et Wdela, uxor ejus, in presentia nostra constituti recognoverunt se in perpetuam elemosinam dedisse Deo et ecclesie Sancti Leodegarii suessionensi quindecim sextaria vinagii percipienda annuatim in perpetuum super vineas inferius annotatas; videlicet super vineam Johannis Dynisard sitam apud Vauresis ad *Poncel* sex sextarios, et super plantam ejusdem Petri Gargate sitam ad vivarium de Vauresis sex setterios (*pro sextarios*); et super vineam ejusdem Petri sitam in loco qui dicitur *en Cri*, tria sextaria, fidem interponentes corporalem quod nunquam de cetero contra dictam elemosinam per se aut per alium venire attemptabunt, nec dictam ecclesiam super dicta elemosina per se, vel alium, molestabunt, nec facient molestari. Immo, eidem ecclesie supra dicta elemosina contra omnes qui ad jus vel ad placitum venire voluerint legitimam tenentur sub fidei religione portare garandiam. Dicta etiam Wdela quicquid juris habebat in dictis vinagiis ratione dotis eidem ecclesie quitavit, fidem interponentes de

non reclamando. In cujus rei testimonium presentes
litteras sigilli nostri munimine fecimus roborari.
Actum anno Domini millesimo, ducentisimo, tricesimo,
octavo.

LXXXV.

1239. — f° 65, v°.

CHARTE par laquelle Jacques de Bazoches, évêque de Soissons, vidime celle de Jean II, comte de Soissons, de 1238.

Je Jakes, évesques de Soissons par la grace de Deu, faz à savoir a touz ceauz qui ces letres verront que j'ai veu la chartre Jehan le conte de Soissons et leu toutes les paroles qui sont teles : Sachent tuit cil, etc.... (le reste comme en la pièce ci-dessus, p. 338). Toutes ces choses qui sunt devant devisées , les personnes devant dites : ce est asavoir Jehans li cuens de Soissons, Marie sa femme, lor filles Aaliz et Yolens, Raous, chevaliers, frères le devant dit conte, ont loé et otroié et fiancé à tenir loiaument a tous iors, et Marie le devant dite contesse a aquité de son gré tel droit com ele i avoit, fuist de doaire, fuist d'autre chose. Et ie, com évesques et com sires terriens cui hom lieges li devant diz cuens est des choses devant nomées , lo et otroi et conferm toutes ces choses ainsi com eles sunt devant devisées. Cefu fait lan del Incarnation Notre Seignor mil et dex cenz et trente nuef , en la fin del mois de marz.

LXXXVI.

1239. — f° 66, v°.

CHARTE par laquelle Jean II, comte de Soissons, confirme la charte de 1215, donnée à Saint-Léger par Raoul son père.

Ego Johannes, comes suessionensis, notum facio tam presentibus quam futuris quod ego vidi et audivi et in presentia mea legi feci cartam illustris viri Radulfi patris mei, quondam comitis suessionensis, que loquitur per hec verba. In nomine Sancte et individue Trinitatis ego Radulfus, etc... (le reste comme ci-dessus : charte de Raoul de 1215). Hec omnia, superius expressa ego Johannes, comes suessionensis, concedo, laudo et confirmo, et ut predicta illibata permaneant presentem cartam feci sigilli mei munimine roborari. Actum anno Domini M. CC. tricesimo nono, mense aprili, regnante Ludovico, Jacobo episcopante Suessioni (1).

(1) Jacques de Bazoches et Louis VIII Cœur de Lion.

LXXXVII.

1239. — f° 48, v°.

*RÈGLEMENT arrêté entre le prieur de Saint-Léger
et son couvent*

Nos Geffroiz, prieus de Saint Légier de Soissons, et
li convens de ce meisme liu, faisons asavoir à touz
ceaus qui cest escrit verront; que il est establi en nostre église, par commun assens, de la vie de convent en
tel manière. Li celeriers donra à chascun chanoine
chascun jor quatre wez (œufs) au matin et dou fromage,
et au souper deuz et dou fromage el tans de . . . . . .
et deuz hérens el tans de jeune. Ce sera le ior queil
nara point de pitance. Et quant il aura pitance au
matin, il ne prendera mie au soir ses deuz wes et son
formage. Des pitances sera ainsi desoremais. Li convens aura pitance au mains trois fois la semaine, l'une
semaine plus et l'autre mains, ainsi comme les pitances serront miolz pour festes ou por autre raison. Et nus
n'aura point de pitance hors du convent, seil ni est par
le congié del abbé ou dou prieus. Et si li abbés manjue
en chambre et aucuns ses compaignons avoec lui, il et
si compaignon averont (ou aueront) lor pitances. Et se
il manjue seuls et hoste avoec lui, il aura sa pitance,
et bien li conviegne de ses hostes. Li pitanciers fornira
les sainiez (1) et les malades de viande, et li abbés

---

(1) La saignée était de règle dans les couvents à certaines époques.

porverra les malades de fisicien (medecin) et de tout
ce que à fisique monte. Et se li convent voloit avoir
pitance le ior que ele ni deveroit mie estre, li celeriers
sacorderoit de son général au pitancier par le mande-
ment le prieuz. Li prieus et li convens feront pitancier
autre que le célérier qui achatera la pitance et dre-
cera. Por fornir les pitances ainsi com il est devant
dit, li pitanciers penra au prestre de la parroiche
ex lib. de noiret, ainsi com mestiers li sera. Et se la
parroisse non pooit rendre, il penroit le remanant au
provost. Li célériers porverra les hostes et les maisnies de viande, et se porverra le convent de potages
et de saveurs et de lart et de sain. Li abbés porverra
le convent de pitance convenable set iors en l'an, cest
à dire à Noel, à Quaresme prenant, à Pasques, à
Pentecouste, à feste mon seignieur Saint Légier, à la
Touz Sainz et à l'anniversaire le comte Renaut. Et est
asavoir que se on laissoit ne donoit au convent por
pitance desoremais ne mueble, ne rente, ne terre, ne
maison, on ne le porroit torner en autre usage que as
pitances au convent, se ce nestoit por aucun besoing
que léglise eust, et par commun assens del abbé et
dou couvent. Il est establi que li convens ait pain et
vin blanc sain tot ades et que la robe, linge, soit de-
partie à Pasques, et les cotes et les chauces et li chau-
çon à la feste Saint Remi. Li abbés ne porra vendre
rente, ne doner maisons à vie de gens, ne à grant
terme, ne faire édifice plus cousteus de vint lib. de
nerets sanz le seu et l'assens dou convent. Porce que
ce soit chose ferme et estable, il est séelé del séel de
chapitre par commun acort. Cefu fait l'an del Jncarna-
tion nostre Seigneur mil et deux cens et trente nuef,
el mois d'aoust le jor de nostre élection.

LXXXVIII.

1239. — f° 47.

CHARTE de Raoul , seigneur de Montgobert (1).

. . . .

. . . . . maladerïe de Montgombert , il tenra quatre aïssins de terre qui i sunt atiré ; et il servira la chapèle de luminaire. Et seil avoient destorbier dou blé au molin devant dit, je et li hoirs de Montgombert soumes tenu a restorer aillors , ausi vaillant. Cè a esté fait par lacort et par l'assens de Margrité ma femme et de dame Pèlerine sa mère. Et por ce que ce soit ferme chose et establè , je Raous devant diz et Margrite ma femme, et madame Pèlerine , sa mère , avons confermé ceste chartre par noz séaux. Ce fut fait en l'an del Incarnation Notre Seigneur, mil et deuz cens et trente nuef el mois de mai.

(1) Le commencement de cette charte manque au manuscrit. On y lit en remarque, d'une écriture récente : « La charte dont on voit ici la fin est toute entière dans le *Vidimus* de Jacques (de Bazoches), évèque de Soissons, du mois de juin 1239, lequel *Vidimus* est en original sur parchemin dans le chartrier de Saint-Léger. » Ce *Vidimus* n'existe plus.

LXXXIX.

1255. — f° 10, v°.

BULLE d'Alexandre IV, pour la confirmation des biens de Saint-Léger.

Alexander, episcopus (1), servus servorum Dei, dilectis filiis abbati et conventui Sancti Leodegarii suessionensis salutem et apostolicam benedictionem. Si quando postulatur a nobis quod juri conveniat et ab ecclesiastica non dissonet honestate, petentium desideriis facilem debemus impertiri consensum, eorumque vota effectu prosequente complere. Ea propter, dilecti in Domino filii, vestris justis postulationibus annuentes, altare Sancti Leodegarii vobis a bone memorie G. quondam suessionensi episcopo (2) confirmatum et cetera pertinentia ad ecclesiam vestram, altare Wallis buini, Montis Gumberti et de Vingre cum eorum pertinentiis; quadrigam unam in foresta de Rest vobis a comite Radulfo collatam, que singulis diebus debet ligna viva et mortua ad usum vestrum afferre, a dilecto filio nostro Philippo comite Flandrie et Elisabeth uxore ipsius et a comite Suessionis et A. uxore sua confirmatam domui vestre; donum prebendarum in capella Sancti Principii; unum modium vini ad Valbuin de Rogero de Valbuin; unum modium ad Valresis de Gerardo de Chatello; decimam de

---

(1) En marge d'une écriture récente : *Alexander IV qui sedit anno* 1255.

(2) Goslein ou Joslein de Vierzy.

Brangia de elemosina comitis; furnum de Buci; quinque solidos ad bacum de Pomiers de elemosina Renaldi de Valresis; quinque solidos ad Margival de elemosina Radulfi ad dentem pro Margarita filia sua; quinque solidos de elemosina Eblonis de Berzi; censum de Ambleni in Pentecoste in vico juxta forum; quinque partes decime de Aila; unum modium vini a Civre; duos solidos de elemosina Petri, militis de Veteri Foro; unum modium vini ad Espagniacum de elemosina Henrici filii Roberti; dimidium modium vini in eadem villa de elemosina matris Odonis de Rivo; et decimam vini apud Terni de elemosina Ade de Cufis; duorum solidorum censum de elemosina Radulfi filii Ade; trium solidorum censum in terra Reinaldi de Ploisi sicut rationabiliter possidetis, salva in prescriptis altaribus dyocesani episcopi canonica justicia, domui vestre auctoritate apostolica confirmamus et presentis scripti patrocinio communimus, statuentes ut nulli omnino hominum liceat hanc paginam nostre confirmationis infringere, vel ei ausu temerario contraire. Si quis autem hic attentare presumpserit indignationem omnipotentis Dei et Beatorum Petri et Pauli, apostolorum ejus, se noverit incursum.

XC.

1276.

BULLE de Clément IV, pour la confirmation du droit de patronage des prébendes de S. Prince en la Tour des Comtes, accordé à Saint-Léger par Raoul, comte de Soissons (1).

. . . .

. . . . . quod ordo exigit rationis ut id per sollicitudinem officii nostri ad debitum perducatur effectum. Ea propter, dilecti in Domino filii, vestris justis precibus inclinati, jus patronatus capellarum et prebendarum Turris Suessionis quod nobilis vir, comes suessionensis, spectans ad ipsum, venerabilis fratris nostri suessionensis episcopi accedente consensu, monasterio vestro pia liberalitate concessit, pro ut in litteris confectis exinde dicitur plenius contineri, sicut illud juste ac pacifice obtinetis, vobis et per vos predicto monasterio auctoritate apostolica confirmamus et presentis scripti patrocinio communimus. Nulli ergo omnino hominum liceat hanc paginam nostre confirmationis infringere vel ei, ausu temerario, contraire. Si quis autem hoc attemptare presumpserit indignationem omnipotentis Dei et Beatorum Petri et Pauli apostolorum ejus se noverit incursurum. Datum Perusii XII Kal. decembris, pontificatus nostri anno octavo.

(1) Le commencement de cette Bulle manque au manuscrit.
(2) Le pape Clément IV siégea de 1268 à 1276 Or, cette Bulle ayant été accordée la huitième année de son pontificat, il faut donc lui donner la date de 1276.

XCI.

Vers 1216. — f° 62.

BULLE d'Innocent III, par laquelle Saint-Léger est placé sous la protection du Saint-Siége et ses biens sont confirmés (1).

Innocentius episcopus, servus servorum Dei, dilectis filiis abbati et conventui Sancti Leodegarii suessionensis, salutem et apostolicam benedictionem. Justis petentium desideriis dignum est nos facilem prebere assensum et vota que a rationis tramite non discordant effectu prosequente complere ; ea propter, dilecti in Domino filii, vestris justis postulationibus grato concurrentes assensu, personas vestras et locum in quo divino estis obsequio mancipati cum omnibus bonis que impresentiarum rationabiliter possidetis, aut in futurum justis modis, prestante Domino, potitis ad ipisci, sub Beati Petri et nostra protectione suscipimus ; specialiter autem terram et murum inter monasterium vestrum et fluvium axonensem sitas, possessiones et alia bona vestra sicut ea omnia juste et pacifice possidetis nobis et per nos eidem monasterio auctoritate apostolica confirmamus et presentis scripti patrocinio munimus. Nulli ergo omnino hominum

---

(1) Innocent III étant le seul pape de ce nom, aux XII°, XIII° et XIV° siècles, qui ait pu dater de la 19° année de son pontificat, lequel en effet dura de 1198 à 1216, cette Bulle doit lui être attribuée.

liceat hanc paginam nostre protectionis et confirmationis infringere, vel ei ausu temerario contraire. Si
quis autem hoc attemptare presumpserit indignationem omnipotentis Dei et Beatorum Petri et Pauli, apostolorum ejus, se noverit incursurum. Datum Laterani
VII Kal. aprilis, pontificatus nostri anno nonodecimo.

XCII.

Vers 1322. — f° 63.

CHARTE du pape Jean XXII, accordant à Etienne, abbé de Saint-Léger, le droit de porter la mitre et autres ornements pontificaux, et de donner la bénédiction solennelle (1).

Johannes, servus servorum Dei, dilecto filio Stephano abbati Sancti Leodegarii in civitate Suessionis, sub regula Sancti Augustini constituti, salutem et apostolicam benedictionem. Exposcit tue petitionis sinceritas..... tua........ sprituali favore........ in.... his honoribus attollamus..................
....

in hac parte supplicationibus inclinati ut tu et successores tui abbates dicti monasterii qui pro tempore fuerint mithra, annulo et aliis pontificalibus insigniis uti, nec non in monasterio et subjectis ac parochialibus et aliis ecclesiis ab eodem monasterio dependentibus, seu ad te et monasterium ipsum pertinentibus, benedictionem solemnem post missarum, vesperarum et matitunarum solemnia, dummodo in benedictione hujusmodi aliquis antistes, vel apostolice sedis legatus non fuerit elargita, ac altaria, calices, vestes, panna ac vasa alia pro divino cultu in vestro monasterio..... et ecclesie.

(1) Une grande partie de cette pièce est effacée.
(2) En remarque : *Jus mithræ et pontificis alia insignia — Johannes qui sedebat Avinioni tempore Caroli Pulchri, circa annum Domini* 1322. Jean XXII occupa le Saint-Siège, transféré alors à Avignon, de 1314 à 1334. Etienne fut abbé de Saint-Léger de 1322 à 1348. C'est donc entre 1322 et 1334 que cette Bulle lui fut accordée.

XCIII.

1339. — f° 54.

CHARTE d'une vente à Saint-Léger de certains droits sur des vignes à Coucy par Elisabeth, veuve de Jean de Billy sur Aisne.

Magister Radulfus de Villiaco, officialis Domini suessionensis, omnibus hæc visuris salutem. Noverint universitas vestra quod domina Elisabeth, relicta domini Johannis de Billiaco, quondam militis, recognovit spontanea in jure coram nobis se vendidisse ecclesie Sancti Leodegarii suessionensis quicquid juris habebat in vineis dicte ecclesie, que vinee site sunt in loco qui dicitur Couciacum. In cujus rei testimonium presentes litteras sigilli curie munimine fecimus roborari. Datum anno Domini millesimo, ducentesimo, tricesimo nono, feria quinta post Pentecostem.

XCIV.

1489. — f° 76.

*CHARTE du chapitre de Soissons concernant le rang
que l'abbé de Saint-Léger occupera au chœur et
aux processions générales de la Cathédrale.*

Nos prepositus, decanus et capitulum Ecclesie suessionensis, Notum facimus : quod cum discordia moveretur et moveri speraretur inter nos ex una parte et abbatem Sancti Leodegarii Suessionis, ordinis Sancti Augustini, de et supra loco et ordine quos pretendebat ipse abbas habere et tenere in processionibus generalibus, intencionem que suam fundabat supra quadam carta a predecessoribus nostris pridem sibi concessa, tandem ad concordiam devenimus et nobis reddita antiqua carta prementionata, jampridem nullius momenti et invalida, matura deliberatione pluries in capitulo nostro habita, concessimus et per presentes eidem abbati moderno et suis successoribus abbatibus canonice constituendis concedimus, ut in omnibus processionibus appellatus, nostris usu et modo loquendi processionibus generalibus, ipse et sui successores abbates usque eo dictatum locum habeant et teneant in stallo et choro ecclesie nostre, tam stando in choro ipso et adiendo, seu processionaliter incedendo, inter ultimum et pene ultimum canonicorum nostrorum de latere dextro. Et ut hujus nostre concessionis firma in perpetuum fides habeatur hanc pactionem sigillo rotundo Ecclesie nostre suessionensis , manuali signo magistri Johannis de Villiers et notarii nostri jussimus roborari. Datum in dicto nostro capitulo , nobis capitulantibus , anno Domini millesimo quadringentesimo , octuagesimo nono , die Mercurii vicesima tria , mensis decembris (1).

(·) Cette charte. d'une mauvaise écriture du XV⁰ siècle , se trouve hors de l'ancienne pagination à la fin du manuscrit.

XCV.

1489. — A la feuille de garde du manuscrit.

CHARTE de Louis de Sons, abbé de Saint-Léger, concernant le rang qui lui a été accordé dans le chœur et aux processions générales par le chapitre de la cathédrale.

Ludovicus (1) , permissione divina humilis abbas ecclesie , seu monasterii Sancti Leodegarii Suessionis, ordinis Sancti Augustini , totusque ejusdem loci conventus, notum facimus quam graciam per viros venerabiles dominos prepositum , decanum et capitulum Ecclesie Suessionis liberaliter nobis factam et concessam : videlicet, ut in processiunibus dictis et nuncupatis generalibus processionibus et ipsis durantibus , nos Ludovicus et nostri successores abbates dicti monasterii , teneant et habeant locum inter ultimis et peneultimis canonicorum ipsius Matricis Ecclesie de latere dextro; de qua concessione suas nobis litteras tradiderunt. Nolumus prefatis dominis de capitulo in aliquo prejudicare, nec pretextu dicte nostre? concessionis loci nitendum , et nec volumus pretendere aliquam aliam prerogativam , seu aliquod jus, in dicta ecclesia Matrice Suessionis, nec in juribus et fructibus

---

(1) « Ludovicus *de Sons* qui, ex canonico S. Joannis in Vineis , abbas S. Leodegarii renuntiatus est anno 1467 et ob it anno 1497. » (Remarque du manuscrit.)

ejusdem. In cujus rei testimonium presentes nostras litteras sigillis nostris fecimus et appensione muniri, anno Domini millesimo quadringentesimo, octuagesimo nono, mense januarii (1).

(1) Cette charte, d'une mauvaise écriture du XVe siècle, se trouve au verso de la feuille de garde.

XCVI

XVe siècle, f° 46, v° et f' 74.

*TERRES de la ferme de Saint-Léger d'Epagny
aux Watelières.*

C'est les terres de la maison Sain Ligier deseur Espaingni à la roie des Watelières (1).

Ou Malleretes , IX aissins et demi de terre qui tient à monseigneur Jehan Friant (qui fust et est du terrage monseigneur Mahieu (2) et est nostres et ni avons point de redime.)

Item. Es Watelières , VIII muis et XIX aissains et demi (de ce terrage) et li redimes nostres.

It. Derrier le four disme (de ce terrage) et de ce redime.

It. Au Mont de Brunel , VII muis et deux aissains et demy, sen ia II muis, franche de disme et tout le autre est à terrage et y avons la rédime.

It. Ou Val Audebert, LVIII aissins, dime notre.

It. Ou Champ les Malades , XVI aissains , et est la disme les malades douwes? (*due ?*)

Somme XX muis, II aissains et demi mains (moins).

(1) La même pièce se trouve en meilleure écriture à la fin du manuscrit. Ces copies se complètent l'une par l'autre, mais plusieurs lignes ont été grattées dans la dernière, pour opérer sans doute des retranchements nécessités par le temps.

(2) Probablement Matthieu de Roye, vicomte de Buzancy, seigneur de Muret.

A la Roie doù Moutier, XX muis et XVI essins et demi de là le chemin et XV essins de là le chemin, lelonc les Watelieres et est toute à terrage ; et avons rédime de là le chemin, et sen ia ou Choroy de cele cousture devers Loirre vers le Sauci IIII aissins franche de disme.

It. I aissin de les Godefroi dou terrage Godefroi et est tout a disme.

It. III aissins au chemin devers Marueil qui tient à la terre qui fu Friant qui doit tout dime.

It. VIII aissins et demi de sous qui tient à monseigneur Jehan Friant qui fut et est tout à disme.

It. IX aissins deseur la bruière qui tient à monseigneur Mahieu dou terrage monseigneur Mahieu et nostre et est toute disme.

Soumme XXII muis et IX essins.

A la Roie dou Saucy :

Primo, ou Sauci, X muis et VII aissins et demi qui doit toute terrage et s'en ia IIII muids et demi franche de disme et nous avous redisme.

Item. En l'Essart, VI muis et II aissins franche de terre et doibt disme et avons redisme.

It. III aissins qui tient à monseigneur Mahieu au chemin de vers Loirre qui est à terrage et doit disme et y avous redisme.

It. II aissins et demi qui fu Haudecuer franche de disme et de terrage.

It. Desouz (*alias* deseur) la quarrière LXX aissins de terrage monseigneur Mahieu et notre, et doit disme et avons resdime.

It. Ou Val Augiis (Augis) IIII aissins et demi de terre, et de cele redisme.

It. Ou Champ le Chastelain XII aissins et de cele de et terrage.

Soumme XII muis et XIIII essins et demi.

Nos prés doit à Monseigneur de Tringni (1),
XII deniers nérets de cens.

Item. A monseigneur de Espaigni XV deniers nérets
de cens.

Item. La vigne de Brunel XVIII deniers néres à
monseigneur de Espaingni.

(1) Trugny, commune de Bruyères, canton de Fére en Tardenois.

XCVII.

SECOND ARREST contre les Anciens (religieux qni s'opposaient à l'annexion de leur couvent à la Congrégation de France).

RÈGLEMENT.

(17 juillet 1666.')

ARREST contradictoire qui unit l'abbaye de St-Léger à la Congrégation de France.

Louis, par la grâce de Dieu, Roy de France et de Navarre, à Nostre amé et féal conseiller en Nostre cour de parlement, Me Jean du Tillet Salut, Sçavoir faisons que le jour et datte des présentes comparant en Nostre-dite cour frères Crespin Sanier, Anthoine Cailleux et Denis Brisset, demandeurs aux fins de l'exploit du deuxiesme may mil six cent soixante-trois d'une part, Et frère Claude Bourlon, prestre chanoine régullier de l'ordre de Sainct-Augustin prieur claustral de l'abbaye Sainct-Léger de Soissons, deffendeurs d'autre; Et entre frère Pierre Dubois prestre religieux, Trésorier de l'église et abbaye de Sainct-Léger de Soissons, intervenant suivant sa requeste du huitiesme avril mil six cent soixante-cinq d'une part, et lesdits Bourlon, frère François Blanchard, abbé général, les religieux de la congrégation de France et les religieux de ladite abbaye Sainct-Léger de Soissons, deffendeurs

d'autre ; Et entre frère Henry de Sainte-Marie, prestre
chanoine régullier de l'ordre de Sainct-Augustin de la
congrégation de France, Et scindic général d'icelle,
intervenant suivant sa requeste du douziesme may mil
six cent soixante-cinq, d'une part, Et lesdicts Bourlon,
Dubois et les religieux anciens de ladite abbaye,
deffendeurs d'autre, Et encore entre ledit Bourlon,
appellant de la sentence arbitralle du vingtiesme avril
mil six cent soixante-trois, rendue par Me Claude
Le Clerc, lieutenent général au présidial de Laon,
arbitre nommé et convenu par les parties d'une part,
Et les religieux de ladite abbaye Sainct-Léger de
Soissons inthimés d'autre. Veu par Nostre-dite Cour la
requeste desdits Sanier, Cailleux et Brisset, religieux
profés de la dite abbaye Sainct-Léger de Soissons dudit
jour neufiesme may mil six cent soixante-trois à ce
que ladite sentence arbitralle du vingtiesme avril mil
six cent soixante-trois, rendue entre lesdites parties
fust omologuée, ce faisant ordonner qu'elle seroit
exécutée selon sa forme et teneur Et pour avoir par
ledit Bourlon, Insisté au contraire Il fust condamné
aux despens deffences dudit Bourlon, appointement en
droict du vingt-huitiesme juin mil six cent soixante-
trois, productions des parties contredit par elles respectivement fournies suivant l'arrest du sixiesme
febvrier mil six cent soixante-cinq. La requeste dudit
Dubois dudit jour dix-huitiesme avril mil six cent
soixante-cinq à ce qu'il fust reçeu partie intervenant
faisant droit sur son intervention que le Concordat
passé entre ledit Dubois et l'abbé général de la Congrégation de France le dixiesme octobre mil six cent
soixante-deux, ratiffication d'icelluy du unziesme dudit
mois, arrest d'omologation dudit concordat, du vingt-
troisiesme aoust mil six cent soixante-quatre seraient
exécutés selon leur forme et teneur et en tant que

besoin seroit, déclarés communs avec lesdits prieur et
religieux de Sainct-Léger. Ce faisant qu'iceux religieux
de la Congrégation de France seroient incessamment
introduits en ladite abbaye de Sainct-Léger, pour être
ledit Dubois payé de sa pension aux termes dudit
concordat et arrest aux offres qu'il faisoit d'y satisfaire
de sa part et en cas que lesdits Religieux de la Congrégation ne puissent être introduits en ladite abbaye
Sainct-Léger, qu'iceux Religieux dudit Sainct-Léger
seroient tenus à nourrir et entretenir ledit Dubois, à
la manière accoustumée, comme estant Religieux de
ladite abbaye de Sainct-Léger, et qu'à fault de ce, ils y
seroient contraints par saisie de leur revenu temporel,
et les contestants condamnés aux dépens. Arrest du
vingt-troisiesme avril mil six ceni soixante-cinq, par
lequel ledit Dubois auroit esté reçeu partie intervenante
et acte de ce qu'il a employé le contenu en sa requeste
pour moyens d'intervention, et en conséquence les
parties appointées à produire requestes desdits Bourlon
et Saincte Marie, employées pour responces à moyens
d'intervention, leurs productions et contredit suivant
ledit arrest du sixiesme febvrier mil six cent soixante-
cinq, déclaré commun forclusion de fournir de responces à moyens d'intervention produire et contredire par
les autres deffendeurs, La Requeste dudit de Saincte
Marie dudit jour douziesme may mil six cent soixante-
cinq à ce qu'il fust pareillement receu partie intervenante, faisant droit sur son intervention en conséquence
des ordonnances du vingt-huitiesme mars mil six cent
trente cinq et arrest du trentiesme may mil six cent
trente six, ordonne que les Religieux de ladite congrégation seroient Introduits en ladite abbaye Sainct-
Léger de Soissons, sauf à régler les prétentions des
anciens religieux qui ne vouldraient agréer ladite
congrégation et pour faire ladite Introduction, il sero t

commis l'un des conseillers de ladite cour ou le plus
prochain juge des lieux, et ce qui seroit fait et ordonné
exécuté, nonobstant oppositions ou appellations sans
préjudice d'icelles sur laquelle requeste ledit de Saincte
Marie aurait été receu partie intervenante et acte de
l'employ de ladite requeste pour moyen d'Intervention
arrest du vingtiesme Juin mil six cent soixante cinq
par lequel les parties auraient été appointées à bailler
moyens d'intervention, responces et produire dans
trois jours, la requeste dudit de Saincte-Marie, employée
pour moyens d'intervention, production d'icelluy
Saincte-Marie, requestes desdits Bourlon et Dubois,
employées pour responces, escritures et productions,
requeste dudit Dubois du treiziesme Juillet mil six cent
soixante cinq employée pour contredit, forclusion de
fournir de responces à moyens d'intervention, produire
et contredire par les autres deffendeurs ladite sentence
arbitralle dudit jour vingtiesme avril mil six cent
soixante trois dont est appel rendeu par ledit lieutenent
général de Laon juge arbitre nommé, et convenu par
compromis du vingt-quatriesme janvier mil six cent
soixante-trois entre ledit Bourlon prieur claustral de
ladite abbaye Sainct-Léger de Soissons d'une part et
lesdits religieux profès de ladite abbaye d'autre, par
laquelle il auroit esté ordonné que les religieux de
ladite abbaye de Sainct-Léger seroient tenus de porter
honneur, respect et révérence audit Bourlon en quallité
de prieur et de lui rendre l'obéissance, lequel Bourlon
de sa part seroit tenu de résider et porter l'habit et
collet conformes à celluy des autres dudit Couvent
Sainct-Léger, et d'y faire l'office de prieur ainsy que
ses devanciers prieurs sans aulcune novation suivant
l'acte de son eslection et à fault par luy de résider dans
trois mois pour touttes préfixions et dellays, permis
aux religieux de ladite abbaye de procéder à nouvelle

eslection suivant l'arrest du vingt-deuxiesme avril
mil six cent soixante, que ledit prieur seroit tenu
de proposer au chappitre les postullans qui se pré-
senteroient pour estre receus et admis en ladite
abbbaye et de les recevoir s'ils estoient trouvés
propres et ydoines par les deux tiers des Capitullans,
et en cas de refus par ledit prieur permis auxdicts
Capitullans de recevoir par l'un d'eulx lesdits postullans au Noviciat et en la profession mesme, de traicter
de leurs pensions et frais, ce qui seroit pareillement
observé à l'esgard des profès de ladite maison, qui
désireraient estre promeus aux Saints ordres, que
pour le service dudit prieur tant au chappistre qu'au
reffectoir ensemble pour les coulpes les parties se
conformeroient à l'usage observé dans l'abbaye de
Sainct-Jean des Vignes de Soissons, que ledit Bourlon prieur nommeroit et establiroit en ladite abbaye
un soubs prieur et sacristain comme aussi tous les
autres officiers à son choix, à l'exception du procureur dont l'eslection se feroit au chappistre de ladite
abbaye, conformément à l'usage receu et observé en
celle du dit Sainct-Jean des Vignes dudit Soissons, sans
qu'audit chappistre on y peut appeler autres qui ont
accoustumés d'assister en semblables eslections, que
frère Léonin Chastrier demeureroit en l'abbaye de
Sainct-Léger sans estre tenu d'aulcune pension et y
auroit rang et onneur du jour de sa profession sans
néantmoins qu'il peute avoir voix active et passive et
estre promeu par ledit prieur à aulcun office que du
gré et consentement du chappistre de ladite abbaye,
qu'il ne fust agrégé à la communaulté dudit Saint-
Léger et qu'il n'eust renoncé à celle de Saincte-Gene-
viève, ne pourroit en exécution de l'arrest du Troisième septembre mil six cent soixante un estre pris
un second religieux pour assister ledit prieur que dans

une maison] dudit ordre de Sainct-Augustin autre
néantmoins que de la congrégation de Saincte-Gene-
viève que les religieux de ladite abbaye de Sainct-
Léger, assisteroient au service divin sinon en cas de
maladie, incommodité ou légitime empeschement
cognu et approuvé par ledit prieur, que lesdits religieux auroient une heure chacun jour après leur
disné pour leur récréation et pareil temps après leur
souppé et encore mardis et jeudis de chacune sepmaine
pourroient continuer ladite récréation jusques aux
complies et le reste du temps se retireroient en leur
chambre pour vacquer à l'estude ou autre exercice de
religion, que chacun auroit sa portion en particullier
au reffectoir et la lecture y seroit faicte par les religieux à leur tour, à l'exception du prieur et dn curé,
à moins que ledit prieur ne trouvast à propos de les
dispenser certains jours à cause du travail extraordinaire qu'ils pourroient avoir eu dans l'exercice des
fonctions de la paroisse, que les portes dudit Sainct-
Léger se fermeroient à huit heures et demie du soir,
depuis la Toussaint jusques à Pasques et le reste du
temps à neuf heures du soir, que lesdits religieux ne
pourroient sortir de ladite maison de Sainct-Léger
sans la permission dudit prieur, et sans assistance de
compagnon, à moins que ledit prieur ou soubs-prieur,
à cause du petit nombre des religieux, ne trouvast bon
de les dispenser, que lesdits religieux ne pourroient
manger en ville ou dans la maison hors le temps des
repas sans la permission dudit prieur, que lesdits
prieur et lesdits religieux rapporteroient dans un mois
du jour de la prononciation de ladite sentence, dans
le coffre commun de ladite abbaye, tout l'or et l'argent
qu'ils auroient en leur puissance et possession, que
frère François Boudé rapporteroit par chacun an le
résidu des fruits et revenus de son bénéfice de Vingré,

desquels il auroit l'entière administration, à la charge
néantmoins d'en rendre compte audit prieur, dans
lequel il pourroit coucher touttes les charges dudit
prieuré, ensemble les frais qu'il trouveroit bon de faire
pour l'ornement et la décoration d'ieelluy, et en oultre
la somme de cent livres par chacun an pour les
aulmosnes qu'il trouveroit à propos de faire, et ou
pour raison dudit compte, comme aussy si en exécution dudit jugement, il intervenoit quelques débats,
ordonner que les parties se poursuivroient pardevant
l'official du diocèse plus prochain de Soissons, tandis
que les causes de suspicions subcisteroient allencontre du sieur Evesque de Soissons au subjet de la
proximité qui est entre lui et ledit Bourlon, prieur,
et au regard des fraicts, profficts et esmoluments de
la Cure du dit Sainct-Léger, ledit Budé seroit tenu de
les remettre es mains du procureur de la maison,
moyenant quoy luy seroit fourni par l'abbaye la vie,
l'habit et tous ses besoins, mesme le bois pour entretenir un feu dans la chambre qu'il occupe présente-
ment, comme aussy la despence nécessaire pour la
nourriture, entretienement et gaiges d'un vallet, lequel
réglement seroit exécuté seullement à l'esgard dudit
Budé, tant si longuement qu'il viendroit en communaulté avec les autres religieux de ladite abbaye
ordonne aussy que frère Pierre Dubois auroit l'administration du revenu de la trésorerie dont il est pour-
veu le revenu de laquelle il mettroit pareillement ès-
mains du procureur après en avoir préalablement
acquitté les charges, ce qui seroit pareillement observé
tant à l'esgard dudit prieur que des autres religieux
vivant dans ladite communaulté ayant bénéfices ou
offices, que les baulx des revenus et biens de ladite
abbaye se feroient dans le chappitre, seroient signés
du prieur et de tous les autres religieux profès capitu-

lans , que les grains appartenant à ladite abbaye ne
pourroient estre vendus que par l'advis dudit prieur,
soubs-prieur procureur et plus ancien religieux , que
l'argent qui proviendroit de la vente desdits grains
comme aussy des autres recepts seroit mis dans le
coffre commun auquel il y auroit trois clefs, l'une pour
ledit prieur une autre pour le procureur et l'autre pour
celluy qui seroit nommé par le chappitre à cet effect ,
que pour instruire les religieux et former leurs capa-
cités , il seroit convenu dans le chappistre de ladite
abbaye d'une personne qui scroit entretenue aux despens de la communaulté pour leur donner les instruc-
tions nécessaires que frère Nicolas Visinier seroit
recognu et demeureroit profès de ladite maison Sainct-
Léger , en promettant révérance et obéissance audit
sieur prieur , en présence de toutte la communaulté ,
lequel néantmoins seroit tenu se retirer l'espace de
trois mois dans l'abbaye de Sainct-Jean des Vignes
dudit Soissons pour y aprendre l'observance régullière
et au pardessus seroit le statut faict et réglé par le
prieur et les religieux et approuvé par le sieur Evesque
de Soissons, le cinquiesme jour de janvier mil six cent
quarante trois , suivi et exécuté aux modiffications
portées par le présent jugement et ce par prévision
seullement et jusques à ce que lesdits prieur et religieux réunis dans une parfaite communaulté , ayant
renouvellé leurs statuts et iceux faict approuver par
ledit sieur Evesque et sur la requeste présentée par
frère Denis Brisset , le vingt-septième jour de janvier
mil six cent soixante trois ensemble sur le surplus des
autres demandes et différends des parties , icelles
auroient esté mises hors du cour et de procès , enjoint
néantmoins auxdits Brisset et Cailleux de se retirer
vers ledit prieur et le supplier d'oublier le subjet qui a
servi de fondement à la poursuite extraordinaire faicte

allencontre d'eulx et luy promettre à l'advenir révérence et obéissance , arrest d'appoint au conseil du
sixiesme aoust mil six cent soixante cinq , causes
d'appel , responces , productions des parties contredit
par elles respectivement fourni suivant ledit arrest à
contredire du dit jour sixiesme febvrier mil six cent
soixante-cinq déclaré commun, deux productions nouvelles , l'une dudit de Sainte-Marie et l'autre desdits
religieux de Sainct-Léger réunis par requestes des
seiziesme mars et vingt-sixiesme Juin mil six cent
soixante six , requestes employées pour contredit II°.
Tout joint et considéré Nostredite Cour faisant droit
sur le tout ayant esgard aux interventions a mis et met
l'appellation et sentence du vingtiesme avril mil six
cent soixante trois dont a esté appellé au néant.

Ordonne que l'abbaye de Sainct-Léger de Soissons demeurera unie à la congrégation des chanoines
régulliers de France et le Supérieur général d'icelle
congrégation tenu d'envoyer en ladite abbaye des religieux de ladite congrégation en nombre suffisant pour
y vivre et faire le service divin suivant les constitu-
tions de ladite congrégation et seront les pensions
payées aux anciens religieux profès de ladite abbaye
non pourveus de bénéfice , suivant les facultés de la
mense conventuelle qui seront réglées pardevant le
conseiller rapporteur, et à cette fin les titres représen-
tés par ceulx qui les ont ès mains à ce faire contrainte
sans préjudice de l'arrest du vingt-troisiesme aoust ,
mil six cent soixante-quatre lequel sera exécuté selon
sa forme et teneur , ce faisant le dit Dubois paye par
chacun an de la somme de six cents livres de pension
portée par ledit concordat des dix et unziesme octobre
mil six cent soixante deux et pour l'introduction desdits religieux de la congrégation a commis et commet
vous M. Jean du Tillet , rapporteur du présent arrest ,

qui en dressérez procès-verbal et ce qui sera par vous
pour raison de ce faict et ordonné, exécuté nonobstant,
oppositions ou appellations quelsconques sans préjudice d'icelles, Et sur la demande desdits Sanier, Cailleux et Brisset, a mis et met les parties hors de cour et
de procès sans despens Vous mandons; à la requeste
dudit Bourlon mettre le présent arrest à exécution
selon sa forme et teneur, de ce faire, vous donnons
pouvoir et au premier nostre huissier ou sergent faire
tenir exploict nécessaire. Donné à Paris, en nostredite
cour le dix-septième juillet l'an de grâce mil six cent
soixante-six et de nostre règne le vingt-quatre

Par la Chambre

Du Tillet.

NOMS DES LIEUX

DANS LE CARTULAIRE DE SAINT-LÉGER.

A.

AISDINUM. Aisdin, lieudit près du hameau de Chavigny, dépendant de Montgobert, canton de Villers-Cotterêts.

ALISI (inconnu).

ALNETUM. Aunay, peut-être Sec-Aunai, bois situé près de Saconin, aujourd'hui défriché, canton de Vic sur Aisne.

AMBLINIACUM, *Amblinium*. *Ambleni* ou Ambleny, canton de Vic sur Aisne.

APONI. Vez à Ponin, canton de Vic sur Aisne.

AQUILA. Aile. Saint-Pierre Aile ou Aigle, canton de Vic sur Aisne.

ARCHIS *(de)*. Arcy Sainte-Restitute?

ARIDAGAMANTIA. Arrouaise, abbaye de chanoines réguliers, située dans la forêt d'Arrouaise (Pas de Calais).

AROASIA. Id.

AUDOMARUS *(Sanctus)*. Abbaye de Saint-Omer.

AYLA. Saint-Pierre Aile ou Aigle.

B.

BASELCES. Bazoches, canton de Braine.

BERZI. Berzy le Sec, canton de Soissons.

BILLIACUS. Billy sur Aisne, canton de Soissons.

Bitunensis. De Béthune.

Bonnueil. Bonnœuil, canton de Crépy (Oise).

Braium. Braye sous Clamecy, canton de Vailly.

Brana. Ville de Braine.

Brangia. Brange, canton d'Oulchy.

Buciacus. Buscei, Bucy le Long, canton de Vailly.

Bueria et *Brueria*. Bruyères, canton de Fère.

Bugneolus. Beugneux, canton d'Oulchy.

Buzenci. Buzancy, canton d'Oulchy.

C.

Caisnetum. Canoy, bois de la forêt de Retz.

Carniacus, *Carniacensis* pour *Calniacus*. Abbaye de Saint-Éloi-Fontaine, près de Chauny.

Causiacus. Choisi sur Aisne, près de Compiègne (Oise).

Cavea. Chaye, lieudit près de Soissons, où l'on fonda l'abbaye de Saint-Crépin en Chaye.

Caviniacus, *Chavegniacus*, *Chavegnia*, *Chavegnum*, *Chavigniachus*, *Cavegni*, *Chavegni*. Chavigny, hameau de Montgobert, où Saint-Léger avait une ferme, canton de Villers-Cotterêts.

Cervenai. Hameau d'Arcy, canton d'Oulchy.

Chaldun. Chaudun, canton d'Oulchy.

Champs, canton de Coucy le Château.

Chevruel. Chevreux, hameau dépendant de Soissons.

Civre. Chivres, canton de Vailly.

Cochiacus, *Cociacus*, *Coussiacus*, *Coci*, *Cochi*. Coucy le Château.

Coci-Villa. Coucy la Ville.

Cogeri. Peut-être Cuchery (Marne).

Colonges. Coulonges, canton de Fère.

Compendium. Compiègne (abbaye de Saint-Corneille de).

Consiacus, *Consciacensis.* Abbaye de Coincy, canton de Fère en Tardenois.

Corci. Corcy, canton de Villers Cotterêts.

Cramelia , *Crameliæ.* Cramailles , canton d'Oulchy le Château.

Crespiacus. Crépy en Valois.

Cufius. Cufis, Cuphies, Cuffy, Cuffies, près de Soissons.

D.

Danleu. Dampleu, canton de Villers-Cotterêts.

Dementart ou *Mentard.* Lieudit de la forêt de Retz , entre Montgobert et Longpont.

Domier. Dommiers, canton de Villers-Cotterêts.

Duellet , *Dullei.* Dœuillet, canton de la Fère.

Dullei pour Lullei? Leuilly , canton de Coucy.

Dumo *(de)* (inconnu).

E.

Esdines (Voyez *Aisdinum).*

Espaniacus, *Espaigneius, Espaini, Espagni.* Epagny, canton de Vic sur Aisne. *Curtem Espagni ,* la ferme de Saint-Léger, commune d'Epagny.

F.

Foiel. Faillouel, hameau de Frières.

Feria. Frières-Faillouel, canton de Chauny.

Firmitas. La Ferté-Milon.

Fontenetum. Fontenoy, canton de Vic sur Aisne.

Forum. La place du Marché de Soissons. *Vetus Forum.* Le vieux Marché.

G.

Guigni, *Guni.* Guny, canton de Coucy.

H.

Hamelaincourt (Pas de Calais, arr. d'Arres).

Hursel. Urcel, canton d'Anisy le Chateau.

J.

JUVINIACUM , *Juvegni*, *Juveigni*. Jūvigny , canton de Soissons.

L.

LANDRICURTIS. Landricourt, canton de Coucy.

LOCUS RESTAURATUS. Abbaye de Prémontrés , commune de Bonneuil (Oise).

LOISTRA. Louastre, canton de Villers-Cotterêts.

LOIRE. Ferme près de Trosly , canton de Coucy.

LONGUSPONS. Longpont , abbaye de Bernardins , canton de Villers-Cotterêts.

M.

MARGARETE *(Beate) Capellam*. Chapelle de Sainte-Marguerite à Bucy le Long.

MARGIVAL, canton de Vailly.

MARISI. Marisis, canton de Neuilly Saint-Front.

MENTARDUS (Voyez Dementart).

MONTDISDERIUM. Mondidier.

MONS GUMBERTI , *Montgombert*. Montgobert , canton de Villers-Cotterêts.

MURET, canton d'Oulchy le Château.

MYNCI. Missy au Bois, canton de Vic sur Aisne.

N.

NEMUS. Saint-Nicolas au Bois (abbaye de) , canton de la Fère.

NIGELLA. La ville de Nesle en Vermandois.

NOE. Ce lieu doit être le château de Noue , près de Villers-Cotterêts.

NOVERUNT. Nouveron , canton de Vic sur Aisne.

NOVIANDUS. Nogent sous Coucy (abbaye).

Novigentum, (Id.).

NOVUS VICUS. La rue Neuve à Soissons.

O.

Ostel, canton de Vailly.

P.

Paly. Pasly, canton de Soissons.

Parreci. Parcy, canton d'Oulchy.

Pernant, canton de Vic sur Aisne.

Petrafons. Pierrefonds, canton d'Attichy (Oise).

Ploisi, canton de Soissons.

Pomers, *Pomier*. Pommiers, canton de Soissons.

Ponvert. Lieudit sur l'Aisne où il y avait un pont sur lequel passait la voie romaine de Soissons à Amiens.

Pons Sancti Medardi. Pont Saint-Mard, canton de Coucy.

Præmonstratum. Prémontré, abbaye chef d'ordre près de Coucy.

R.

Rest. Forêt de Retz ou de Villers-Cotterêts.

Richebore. Richebourg, rue de Soissons.

Riparia. Rivière (Berny), canton de Vic sur Aisne.

Rivus. id.

Rocca, *Rocha*. Roche, lieudit sur le terroir de Bucy le Long, canton de Vailly.

Roia. La ville de Roye.

Rupes, *de Rupe*. (Voyez *Rocca*.)

S.

Saconiacum. Saconin, canton de Vic sur Aisne.

Sacy. Hameau de Saint-Christophe à Berry, canton de Vic sur Aisne.

Sancta Maria *Suessionis*. Abbaye de Bénédictines de Notre-Dame de Soissons.

Sanctus Crispinus. Saint-Crépin le Grand, abbaye de Bénédictins à Soissons.

Sanctus Crispinus *in Cavea.* Saint-Crépin en Chaye, abbaye de chanoines réguliers à Soissons.

Sanctorum Crispini et Crispiniani *capella juxta Turrim.* Saint-Crépin près de la Tour des Comtes, ou Saint-Crépin le Petit, rue de la Congrégation, à Soissons.

Sanctus Johannes in Vineis. Saint-Jean des Vignes, abbaye de Chanoines réguliers à Soissons.

Sanctus Julianus. Chapelle de Saint-Julien sur la rive droite de l'Aisne, vis-à-vis Saint-Léger.

Sanctus Medardus. Abbaye de Bénédictins à Soissons.

Sanctus ou *Beatus* Petrus *ad Calcem* ou *de Calce.* Église de Saint-Pierre à la Chaux à Soissons.

Sanctus Petrus *(in parvisio).* Saint-Pierre au Parvis, église collégiale dépendante du monastère de Notre-Dame de Soissons.

Sancti Principii Capella. Chapelle de Saint-Pierre dans la tour ou château de Soissons.

Sanctus Remigius. Eglise de Saint-Remy de Soissons.

Sancti Stephani *ecclesia extra muros Suessionis.* Saint-Etienne, depuis Saint-Paul, abbaye de religieuses à Soissons.

Sanctus Vedastus. Eglise de Saint-Vaast, au faubourg de ce nom à Soissons.

Sart. Le Sart, dépendance d'Aguilcourt, canton de la Fère.

Septemmontes. Septmonts, canton de Soissons.

Servai. Servais, canton de la Fère.

Seveilli pour *Lcueilli.* Lœuilli, canton de Coucy.

Sons, canton de Marle.

Super Axonam (sous entendu *vicus de),* Vic sur Aisne.

T.

Tartier. Tartiers, canton de Vic sur Aisne.

TERNI *(Sorni),* canton de Vailly.

TRACHY. Tracy le Mont, canton d'Attichy (Oise).

TRANLUN. Tranlon , ferme de Saint-Jean des Vignes près de Saint-Pierre Aigle, canton de Vic sur Aisne.

TRIECOC (inconnu).

TROSLY. Trôly-Loire, canton de Coucy.

TRUEGNI, *Tringni.* Trugny, hameau de Bruyères , canton de Fère en Tardenois.

U.

ULCHEIA. Oulchy le Château.

URSICAMPUS. Ourscamp, abbaye de Bernardins, près de Noyon, canton de Ribécourt (Oise).

V.

VAILLIACUS, *Villiacus.* Vailly, chef-lieu de canton.

VALLIS BUINI , *Wallis Buini , Valbuinus.* Vauxbuin, canton de Soissons.

VALLIS CHRISTIANA. Val Chrétien, abbaye de Prémontrés, près de Bruyères, canton de Fère en Tardenois.

VALLIS SERENA. Valsery, abbaye de Prémontrés, près de Cœuvres, canton de Vic sur Aisne.

VALRESIS, *Wauresis.* Vauresis, canton de Soissons.

VATELIÈRES. Lieudit à Epagny, canton de Vic sur Aisne.

VI, *Vic, Vicus (super Axonam).* Vic sur Aisne.

VILERS, *Villiers.* Villers la Fosse, hameau de Vauresis , canton de Soissons, ou Villers-Hélon , canton de Villers-Cotterêts.

VINEOLÆ, *Vinoles.* Vignoles, hameau de Courmelles, canton de Soissons.

VINGRÉ. Hameau de Nouvron, canton de Vic sur Aisne.

TABLE

DES PIÈCES CONTENUES DANS LE CARTULAIRE

DE SAINT-LÉGER.

---

avec pouvoir d'y soumettre les autres églises (1154 à 1159).   X

Bulle d'Alexandre III, sur le droit d'interdit que s'attribuait en certains cas le Chapitre de Soissons, *inconsulto episcopo* (1159 à 1175).   XI

Bulle d'Alexandre III, pour la confirmation des biens et priviléges de Saint-Léger (après 1160).   XII

Bulle d'Alexandre III (ou IV), pour la confirmation des biens de Saint-Léger (1155).   XI bis

(Erratum : Mettez 1155 au lieu de 1255 et n° XI *bis* au lieu de XI.)

Charte d'Iter de Chauny, sur la construction de la ferme de Saint-Léger à Epagny, faite par les religieux, d'après le conseil d'Yves de Nesle, comte de Soissons (1141 à 1178).   XIII

Chartes d'Yves de Nesles, comte de Soissons, confirmant la menue dîme de la ferme de Saint-Léger à Epagny (1160).   XIV

Charte d'Yves de Nesle, comte de Soissons, contenant un arrangement pour une dîme à Epagny, entre Saint-Léger et les chevaliers Thomas et Pierre d'Epagny (vers 1160).   XV

Charte d'Yves de Nesle, comte de Soissons, sur les dîmes d'Epagny et sur un débat élevé à leur sujet entre les deux chevaliers Pierre d'Epagny (1160).   XVI

Charte d'Yves, comte de Soissons, pour le moulin d'Epagny (1161).   XVII

Charte d'Yves de Nesle, comte de Soissons, et de Conon de Pierrefonds, son héritier, concernant les hôtes du comte et de Simon d'Epagny en ce village (1161).   XVIII

et donnée en présence d'Ives de Nesles (avant
1178). XXXVII

Charte de Simon , évêque de Meaux , pour un
arrangement entre le trésorier du Chapitre de
Meaux et les chanoines de Saint-Léger , sur divers
biens à Chavigny (1178). XXXVIII

Charte de Guillaume , archevêque de Reims ,
contenant un arrangement fait en sa présence
entre le tré-orier du Chapitre de Meaux et les
chanoines de Saint-Léger , sur divers biens à
Chavigny (1178). XXXIX

Charte de Guillaume , archevêque de Reims ,
ordonnant d'excommunier ceux qui se rendraient
coupables de violence envers le monastère de
Saint-Léger (1179 à 1202). XL

Charte de Raoul Audent , maïeur de Soissons ,
sur la vente d'une maison sise devant Saint-Léger
(1181). XLI

Charte d'Hugues , abbé de Prémontré , et de
Guillaume , abbé de Saint-Léger , sur une dime de
Sorni et de Leuilly (1181 à 1186). XLII

Charte de Nivelon, évêque de Soissons, à propos
des dimes de Saint-Pierre Aile (1182). XLIII

Charte de Raoul , comte de Soissons, sur un pré
que Renaud de Landricourt disputait à Saint-
Léger (1182). XLIV

Charte de Raoul , comte de Soissons , concernant un cens sur une maison devant les tours de
Notre-Dame de Soissons (avant 1182). XLV

Charte de Léon , abbé de Saint-Crépin le Grand ,
et de Guillaume , abbé de Saint-Léger , sur des
cens aux quartiers de Panleu et de Crise à Soissons (1183). XLVI

sur le même sujet que la précédente (1489).   XCV

Terres de la ferme de Saint-Léger d'Epagny aux
Watelières (XV⁰ siècle).   XCVI

Second arrêt contre les anciens religieux qui
s'opposaient à l'annexion de leur couvent à la
congrégation de France. Et réglement concernant
cette union (17 juillet 1666).   XCVII

SOISSONS. — IMPRIMERIE DE EM. FOSSÉ DARCOSSE,
rue Saint-Antoine, 15.

www.ingramcontent.com/pod-product-compliance
Lightning Source LLC
Chambersburg PA
CBHW070608100426
42744CB00006B/434